livres de viande, à la livre. *idem* de pain, à *idem*. légumes pour la soupe.		
			livres de viande, à la livre. *idem* de pain, à *idem*. légumes pour la soupe.		
		Dépenses diverses.	Salaire du frater, à raison de 20 c. par 30 jours de présence. . Dépense pour le blanchissage. . . . . Blanchissage et entretien du grand équipement.		
TOTAL.			TOTAL des Dépenses.		

CETIFIÉ par le Chef d'ordinaire, les dépenses montant à la somme de

ANTIDOTE
DES JOUEURS
A LA LOTERIE,
OU
MOYENS DE LA FAIRE TOMBER;

PAR M. J.-V. S***, MATHÉMATICIEN.

CLERMONT-FERRAND,
THIBAUD-LANDRIOT, LIBRAIRE, IMPRIM. DU ROI.

1827.

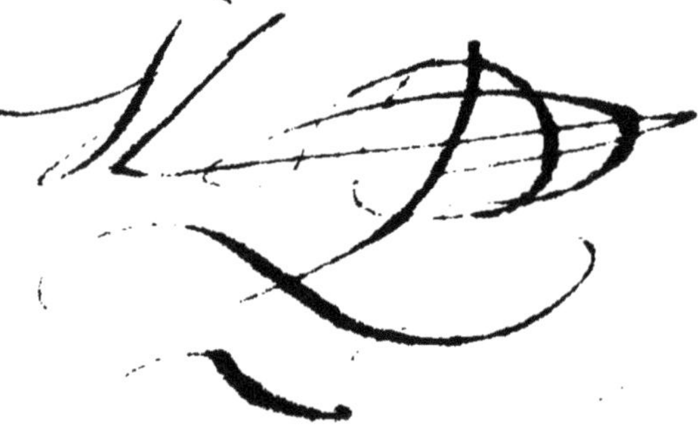

Thibaud Landriot

IMPRIMERIE DE THIBAUD-LANDRIOT.

AVERTISSEMENT.

DÉTOURNER du jeu, et surtout de la loterie, ceux qui s'y adonnent avec passion ; forcer, pour ainsi dire, le Gouvernement à la supprimer, tel est le but que je me suis proposé en livrant au public la petite brochure intitulée : ANTIDOTE DES JOUEURS A LA LOTERIE.

La fin principale du jeu devrait être le délassement de l'esprit ; mais l'homme, naturellement porté à abuser de tout, en a fait une occupation qui s'est changée en passion dans la plupart des joueurs. Puissamment exaspérée par la décadence des mœurs, elle a cherché une pâture propre à l'alimenter. Des maisons établies sous le nom d'*Académies de jeux*, en ont fait une branche de commerce. Introduit d'abord dans les salons, le jeu a bientôt passé dans l'antichambre ; et c'est là que l'on voit des domestiques, les cartes en main, passer en revue les défauts de leurs maîtres, et quelquefois tourner en ridicule jusqu'à leurs vertus.

Parmi les jeux, la loterie tient, sans contredit, le premier rang pour nuire à la morale et à la fortune publiques. Ce fléau, car je ne balance pas à la nommer ainsi, a dû son accroissement à la dépravation des mœurs. Aussi ce jeu n'était-il pas connu dans l'ancien temps ; et l'usage ne s'en introduisit à Rome, que lorsqu'on voulut se passer des suffrages du peuple, en tirant au sort le département des provinces.

Auguste et Néron goûtèrent beaucoup l'idée des loteries, mais ils ne les employaient que pour faire des largesses au peuple. On était loin d'imaginer alors que ce jeu deviendrait un *impôt* d'autant plus funeste, qu'il offre aux contribuables l'appât d'une fortune considérable. C'est sous François Ier, qu'il fut, pour la première fois, question d'établir une loterie ; mais les lettres patentes accordées n'eurent point d'exécution, faute d'enregistrement.

Sous les règnes suivans, des partisans échauffèrent les esprits sur ce qui se passait à Genève, à Venise. On essaya encore, sous la minorité de Charles IX, d'établir une loterie ; mais l'auteur fut traduit au *Châtelet*, et ensuite au parlement, et la loterie fut proscrite par arrêt du 23 mars 1563. Cependant la fureur de ce jeu était à son comble en Hollande et en Angleterre, tandis que le parlement de Paris sévissait contre ceux qui voulaient l'établir en France. Ce ne fut qu'en 1660, que l'on tira, à Paris, la première loterie, dans un moment d'ivresse occasionnée par la publication de la paix : depuis 1700, il y a eu plusieurs loteries. Aujourd'hui les mises à ce jeu s'élèvent à un taux vraiment effrayant. Naguère un député*, aussi habile à manier la parole que l'épée, monta à la tribune pour signaler le jeu de la loterie, comme un abus que le Gouvernement devait détruire. Plus d'une fois aussi, divers autres membres des deux chambres, dans la discussion du budget, ont formellement manifesté le désir de voir ce jeu interdit; ils ont fait, à ce sujet, des observations sages, auxquelles malheureusement jusqu'ici le Gouvernement n'a point daigné faire attention. Cependant le mal s'aggrave; les mises à ce jeu vont toujours en augmentant, et sont une preuve convaincante des progrès rapides que fait chaque jour l'immoralité.

Puissent donc les grands corps de l'État, rassemblés en ce moment**, provoquer l'interdiction de ce jeu, dont la suppression est réclamée par la morale et l'intérêt de la société, de cette effroyable source de vices et de crimes, qui laisse à la postérité des exemples toujours plus dangereux!

Pour moi, je n'ai point la folle prétention de passer pour auteur; en donnant au public ce petit livre : tout mon désir est de lui être utile. J'ai parlé de manière à être entendu de la classe de la société la moins éclairée, puisque c'est elle sur-

---

* Le général Donnadieu.

** 1er juin.

tout que ce livre regarde. Je n'ai point cherché à épurer la diction du style ; j'ai quelquefois répété les mêmes expressions, afin qu'on me comprît plus facilement.

Je divise ma brochure en trois parties.

Dans la première, je parle succinctement du jeu en général, des circonstances qui le rendent illicite ; de la loterie, des bénéfices divers qu'on peut y faire. Je fais quelques observations essentielles aux actionnaires, après lesquelles se trouvent deux articles, l'un sur le Gouvernement, l'autre sur les joueurs ; suivis d'un chapitre sur le jeu, par La Bruyère. Dans cette première partie, je suis plus copiste qu'écrivain.

Dans la seconde, je réfute aussi brièvement que possible, les ouvrages de M. Menut de St-Mesmin, directeur général des loteries de France ; il y est démontré, 1°. que ses principes mathématiques, analitiques et géométriques, sont faux ; 2°. que les jeux connus sous le nom d'Appolonius, des Jumeaux, etc., ne tendent qu'à faire des dupes ; 3°. qu'il n'est pas vrai qu'il y ait des numéros plus heureux les uns que les autres ; 4°. que le principe de séries de files, sur le retard des numéros, n'est pas exact ; 5°. que les jeux de cabale, de combinaisons astronomiques, et des songes, etc., n'ont aucun rapport avec les numéros qui sortent de la roue de fortune.

Dans la troisième, j'expose une nouvelle manière de jouer, basée sur le vrai retard des numéros; j'y démontre que, de toutes les méthodes connues jusqu'à nos jours, c'est la plus favorable. Ces jeux sont au nombre de quatre, tous sur extrait déterminé; ce qui donne vingt manières de jouer, avec la différence expliquée en son lieu.

Le principe sur lequel je m'appuie, est fondé sur le hasard qui amène, à tous les tirages, des numéros dans une combinaison différente. J'ai fait les épreuves de ces jeux, sur vingt années, depuis le 5 janvier 1807 jusqu'au 25 décembre 1826; les résultats auraient donné d'immenses bénéfices, puisque si tous les actionnaires, dont les mises s'élèvent à plus de 50,000,000 fr., eussent joué, d'après ces méthodes, ils auraient fait un gain de plus de 20,000,000 fr. par an; ce qui n'aurait pas manqué de faire supprimer la loterie, attendu que le Gouvernement n'aurait pas voulu supporter, par an, une perte de vingt millions, pour le seul plaisir de maintenir une institution immorale.

Au moyen de ce petit livre, tout autre ouvrage sur la loterie sera inutile. Les actionnaires mêmes, qui ne sauront ni lire ni écrire, pourront suivre également ces méthodes, en employant la première personne venue, qui saura tant soit peu *griffonner*, puisqu'il n'y a qu'à suivre la marche indiquée dans la troisième partie.

Il serait à désirer même, pour le bonheur des joueurs, qu'ils missent à profit les deux premières parties de mon livre; mais les joueurs ne se corrigent guère, a dit un savant du dernier siècle. Toutefois, s'ils ne veulent point cesscr de faire des mises à la loterie, qu'ils emploient tous, du moins, les méthodes que je leur donne; qu'ils sé forment en société, partout où il y a des bureaux de loterie, et, par ce moyen, mon but, j'espère, sera atteint.

Actionnaires, ne croyez pas qu'il en soit de cet opuscule, comme de tant d'autres brochures qui ont peut-être causé votre perte; il renferme un moyen sûr de faire des bénéfices considérables sur la loterie; et, pour vous en convaincre vous-mêmes, lisez et relisez-le attentivement : mettez ces jeux à l'épreuve pendant plusieurs tirages, et ne commencez vos mises que lorsque vous aurez acquis l'assurance de leur efficacité.

ANTIDOTE
DES JOUEURS
A LA LOTERIE.

PREMIÈRE PARTIE.

CHAPITRE Ier.

Du jeu en général.

QU'EST-CE que le jeu?

Le jeu est une espèce de contrat par lequel deux ou plusieurs personnes conviennent réciproquement, selon les règles du jeu auquel elles jouent, de perdre ou de gagner l'argent ou autres effets qu'elles mettent au jeu.

Le jeu est donné comme un remède pour délasser. Et ainsi que le sommeil est donné au corps pour réparer ses forces par le repos, de même le jeu est donné à l'esprit, afin que, par quelque divertissement, il cesse de s'appliquer à la considération des choses spéculatives ou pratiques, et que, par ce moyen, il puisse réparer ses forces, et comprendre ensuite avec plus de facilité les choses auxquelles il s'appliquera.

On peut distinguer trois sortes de jeux : les jeux de hasard, les jeux de combinaison et d'adresse, et les jeux mixtes. Les jeux de hasard sont ceux où l'adresse est absolument nulle, et dont le gain ou la perte dépend d'un événement fortuit, comme sont le jeu de dez, le pharaon, le lansquenet, etc. Les jeux de combinaison sont ceux dont la perte ou le gain dépend du plus ou moins d'adresse dans celui qui joue ; tels sont les jeux de dames, de billard, d'échecs, de la paume, etc. Les jeux mixtes sont ceux où il y a autant d'esprit et d'adresse que de hasard ; tels sont les jeux de piquet, d'ombre, de quadrille, de trictrac, etc.

Le jeu en général et de soi n'est pas mauvais (l'on ne parle pas ici des jeux malhonnêtes). Le jeu est de la nature de ces choses dont on peut bien ou mal user ; car si l'on regarde ce que c'est que le jeu, de la manière dont on le prend ordinairement, et dont il est ici pareillément question, on verra que c'est un contrat, par lequel des partis conviennent qu'à celui qui sera le vainqueur, appartiendra ce qui est déposé au jeu, ou ce dont on est convenu. C'est pour ainsi dire un combat de deux ou plusieurs personnes, dont la fin principale est le plaisir et le délassement de l'esprit. Or, ce combat n'est point défendu de soi ou de droit naturel : le hasard qui s'y rencontre quelquefois ne le rend point mauvais ; car comme une personne peut faire une donation absolue de tout ce qui lui appartient, elle peut de même donner à quelqu'un, sous quelque condition honnête, soit que cette condition arrive fortuitement, soit qu'elle ait lieu par l'industrie de celui à qui l'on veut transférer le domaine de son bien.

Dans les contrats d'assurance, dans les partages,

et dans toutes les occasions dans lesquelles il y a du danger de perdre, et où, pour le bien de la paix, l'on expose des choses au sort, l'on ne voit pas que le hasard y produise rien de mauvais; l'on peut donc y jouer quelquefois pour se récréer ou pour divertir d'autres personnes.

CHAPITRE II.

Des circonstances qui rendent le jeu illicite.

Si l'on considère le jeu dans la pratique, on peut y remarquer deux principales circonstances qui le rendent illicite; 1°. jouer souvent de manière à y perdre un temps considérable; 2°. jouer des sommes dont la perte peut déranger les affaires de ceux qui jouent.

Le jeu n'étant que la récréation de l'esprit, ne peut pas être l'objet d'une occupation sérieuse et continuelle; ce serait détruire la fin du jeu : donc, quand il n'y aurait point d'autre déréglement que la perte notable que font du temps les joueurs, c'en serait assez pour rendre quelque jeu que ce soit criminel. Je ne m'adresse point ici aux personnes qui jouent quelquefois à certains jeux permis par toutes sortes de lois, toujours précédés et terminés par la pratique des devoirs, réglés par la bienséance, modérés pour la perte et pour le gain, et jamais commandés ni par l'avidité de jouer, ni par la cupidité de gagner.

CHAPITRE III.

Des motifs qui doivent engager les joueurs à quitter l'habitude du jeu.

Ceux qui se livrent au jeu passionnément, doivent s'en abstenir, parce que le jeu poussé à l'excès, ne sert qu'à accabler l'esprit, à troubler la société, et à diminuer les biens des joueurs. Le jeu, à la vérité, est un délassement de l'esprit, comme je l'ai dit plus haut, mais ce n'est qu'autant qu'il est modéré dans l'attachement qu'on y a, dans le temps qu'on y emploie, et dans l'argent qu'on y joue. Car si le jeu est passionné, c'est fureur et non pas amusement; s'il est continuel, c'est occupation et non pas délassement; s'il est intéressé, c'est cupidité et non pas divertissement. Or, l'attachement qu'on a pour le jeu est quelquefois si vif et si violent, qu'il n'est presque plus possible à quelques-uns d'y apporter de la modération; c'est un penchant qui les attire; un poids qui les entraîne; un lien qui les attache; un charme secret qui les enchante; un élément qui les nourrit; une passion qui les domine; une espèce de fureur qui les transporte. Qu'il se présente une partie de jeu, il faudra qu'ils en soient les spectateurs, s'ils n'en peuvent être les acteurs, et qu'ils jugent des coups, s'ils ne peuvent ni les porter ni les parer. Le temps qu'ils y consument, absorbera quelquefois la meilleure partie du jour et de la nuit; ils abandonneront pour cela l'exercice de leur charge et le soin de leurs propres affaires ; ils oublieront jusqu'à leur repas, leur sommeil ; et, ne prenant ni repos ni nourriture, ils seront encore contens, pourvu qu'ils jouent ou qu'ils voient jouer. L'argent qu'ils y risquent, ne sert qu'à allumer leur avidité, à la moindre lueur de gain. C'est en eux une application étonnante à veiller contre les surprises, à éviter les mécomptes, à profiter d'une faute, à captiver le hasard. Que le jeu vienne à grossir, pour avoir part au profit, on y sera de moitié, lorsqu'on n'y pourra entrer pour le tout ; et on s'intéressera avec les joueurs, lorsqu'on ne pourra jouer avec personne.

Ce qu'on joue suffit toujours pour allumer les passions, dit *Salvien;* et ce n'est jamais dans le tumulte des passions qu'on trouvera son repos. A juger même de ce qui se passe, par le silence qu'on observe au jeu, par le sérieux qui y règne, par cette triste sérénité qui est répandue sur tous les visages, on croirait qu'il s'agit de décider des affaires les plus importantes de l'État. Il est certain qu'on n'oserait se montrer sensible au gain ni à la perte, mais au fond, cette prétendue modération n'aboutit à rien : intérieurement les joueurs de profession sont emportés, tantôt par l'espérance, tantôt retenus par la crainte, tantôt ouverts à la joie, tantôt resserrés par la tristesse, tantôt occupés à bénir la fortune, et tantôt animés à la détester. Et, sous ces dehors d'une philosophie stoïcienne, on voit souvent des regards d'indignation, des gestes d'impatience occasionnés par le mauvais jeu qui leur vient, et le malheur qui les poursuit : aussi, qnand le jeu est fini, que les joueurs sont livrés à eux seuls, les regrets, les chagrins, le dépit font sentir alors tout leur empire.

Or, un jeu qui devient une passion qui agite, un métier qui occupe, qui met dans les joueurs un ver rongeur qui inquiète et qui trouble, un tel jeu, dis-je, n'est pas un honnête divertissement, une pure récréation, c'est, au contraire, un tourment où l'on perd le repos de l'esprit, le repos du cœur, le repos et la santé du corps. L'esprit ne peut pas être tranquille, tandis qu'une seule séance au jeu l'occupe plus vivement que ne ferait la plus longue lecture, l'étude la plus sérieuse, la plus profonde méditation, le procès le plus épineux. Le cœur ne sera pas content, tandis qu'il sera livré à la crainte de perdre, ou à la douleur d'avoir perdu, agité de mille désirs, déchiré de regrets, rongé peut-être d'une espèce de désespoir. Le bonheur, l'existence même ne pourront long-temps durer au milieu de ces veilles qui, tous les jours, abrégent la vie des joueurs, qui les usent, qui les minent, qui les consument, et qui les ensevelissent si souvent à la fleur du bel âge. Hélas! combien de gens ne sont plus, parce que le jeu leur a coûté la vie; je ne veux point parler ici de ceux que les malheurs du jeu ont quelquefois porté au dernier désespoir, ce ne serait qu'un tableau dégoûtant des joueurs, dont les uns se sont noyés au sortir d'une académie, d'autres se sont brûlé la cervelle, d'autres se sont livrés à des meurtres en rentrant chez eux. Que de querelles, que de disputes dont le funeste jeu a été la seule occasion!

CHAPITRE IV.

Trouble que cause le jeu dans la société civile.

L'EXCÈS du jeu produit, comme le prouve l'expérience, la fureur, le déréglement, et le désordre public; c'est un des plus grands fléaux de la société. Que sont en effet les assemblées de jeu? un amas de personnes de tout rang, de tout âge, de tout sexe, de tout pays, de toute espèce, qui, au jeu, ne connaissent ni parens, ni amis, ni liaison, ni alliance. Dans les maisons de jeu, on est bien reçu, tant qu'on y apporte de quoi fournir à l'avidité des joueurs; mais on n'y est plus reconnu dès qu'on n'a plus de quoi jouer. C'est là que se débitent tous les mauvais bruits, que se réunissent toutes les médisances, que se produisent les plus piquantes satires, et qu'on fait hautement le procès à tout le monde; c'est là que les disputes s'allument, que les esprits se partagent, que les cœurs se divisent, que les duels se préparent, et que naissent les plus grands écarts; c'est là qu'on verra un esprit bizarre, qui ne saurait ni jouer de malheur, ni voir les autres heureux au jeu, sans se livrer à quelque emportement. Là, on rencontrera un esprit difficile, qui use de mille passe-droits, et qui trouve encore mauvais qu'on les lui conteste. Or, une telle conduite n'est pas propre à former les doux liens de la société, mais bien à la troubler.

En général, on ne formera jamais au jeu que des liaisons dont l'attrait est la volupté, le fruit un commerce criminel, et dont l'argent est l'appui et le soutien ; des liaisons qui, en unissant avec une personne, désunissent avec mille ; des liaisons qui, en procurant aux joueurs quelques satisfactions, ne préparent chez eux que des sujets de chagrin et d'inquiétude ; des liaisons enfin, avec lesquelles vos proches, vos amis ne tarderont pas de vous forcer à rompre. Au jeu, il est vrai, on suivra peut-être des années entières une même personne, pour avoir occasion de lui découvrir le feu profane ou sacrilége dont on brûle pour elle ; on lui tiendra à tout propos des mots à double sens, pour lui expliquer une infâme passion qu'elle a elle-même allumée de dessein prémédité ; on saura perdre avec elle pour s'insinuer enfin dans son cœur ; et il n'est que trop ordinaire qu'on y réussisse. Qu'on suive les intrigues du jeu, et on verra que, pour l'ordinaire, elles aboutissent à causer les plus grands troubles.

CHAPITRE V.

Le jeu ruine ceux qui s'y livrent.

L'EXCÈS du jeu ne sert qu'à diminuer les biens de la fortune au lieu de les augmenter ; et quand la passion du jeu nous fait exposer des sommes considérables, par rapport à notre état, c'est un autre déréglement tout-à-fait criminel, parce qu'on s'expose à s'incommoder notablement, soi et sa famille, ou à faire un tort considérable à son prochain, ce qui est contre la probité. Les circonstances qui sont capables de rendre toutes sortes de jeux mauvais, se rencontrent bien plus souvent dans les jeux de hasard, parce que, comme ils plaisent davantage, l'on s'y adonne plus volontiers, et l'on y perd plus souvent des sommes considérables, soit dans la vue principale d'y faire un plus grand gain, soit pour regagner plus vite, et en un seul coup, ce qu'on a perdu en plusieurs; il suit de là que tous les désordres qui arrivent dans les autres jeux, sont plus fréquens dans ceux de hasard; d'un autre côté, comme les événemens en sont plus différens et plus subits, ces sortes de jeux sont aussi capables d'irriter les joueurs, et de produire tous les mauvais effets, dont des passions excitées peuvent être la cause. Aussi, autrefois la religion et l'Etat avaient toujours défendu ces jeux, parce qu'ils les regardaient comme une source de désordre; nous pourrions rapporter ici une foule de témoignages tous respectables, comme le concile d'Elvire, saint Clément d'Alexandrie, saint Chrysostôme, Pierre de Blois, Alvarus, Pelasius, évêque de Portugal, saint Antonin, le cardinal Tolet. Dans l'Etat, nous avons Charlemagne, Louis IX, Louis XIII, qui ont tous défendu, dans leurs constitutions, les jeux de hasard. Ainsi, quoique les lois du royaume ne les prohibent plus, ce n'est pas une raison pour s'y livrer, puisque aujourd'hui ils produisent les mêmes désordres que dans l'ancien temps; le premier est la ruine des familles.

En effet, il est comme essentiel au jeu d'avoir du haut et du bas; c'est proprement cette roue de fortune qui tourne toujours sur son propre centre, et qui, par son instabilité naturelle, ne fait que monter et descendre sans cesse : de là vient que celui qui gagne aujourd'hui, craint toujours avec raison de perdre le lendemain, et l'expérience ne sert qu'à fortifier ses alarmes. C'est un fait de tous les jours, que les joueurs sont tantôt riches, tantôt pauvres; tantôt chargés des dépouilles d'autrui, et tantôt dépouillés eux-mêmes; tantôt gagnant tout, tantôt n'ayant plus rien, et presque tous les jours les pertes excèdent les gains.

De là, ces emprunts qu'on fait et qu'on ne restitue jamais. Hélas! combien de créanciers, les joueurs de profession n'ont-ils pas incommodés, en se ruinant eux-mêmes. Pour les obliger, les uns avaient dérangé leurs affaires, les autres s'étaient abstenus de faire les plus légitimes acquisitions, tous avaient prêté le plus liquide de leur bien; et au lieu de les rembourser, ils vont perdre au jeu les avances qu'ils ont faites; il n'y a pas jusqu'à leurs domestiques qui ne soient dupes de leur passion pour le jeu.

Dans cet état, quel bien peut laisser un joueur à sa famille; et dans cette pensée, quelles horreurs ne doivent pas s'élever dans son âme? Sans frémir, peut-il penser qu'il ne laissera que peu de chose à ses enfans, ou que, s'il ne peut toucher à leur héritage, en le leur laissant, il leur lèguera aussi la passion de jouer. Quand même aujourd'hui il trouverait le secret de cacher ses pertes et ses disgrâces; qu'il couvrirait des plus belles apparences l'affreux dérangement que le jeu a apporté dans ses affaires; qu'il soutiendrait son rang; qu'il l'augmenterait même à proportion que les biens diminueraient, c'est un art néeessaire pour tromper des enfans, pour éblouir le public, et pour ne pas tomber dans un décri qui, en réveillant un créancier, ferait tomber son jeu. Mais dans son âme, lui qui seul, peut-être, connaît sa situation, qu'en pensera-t-il? Cependant, quand la scène sera finie pour lui, et quand, à sa mort, on tirera le rideau qui voile aujourd'hui aux yeux du public une si honteuse indigence, que verra-t-on, sinon un chaos, où tout l'or et l'argent d'une famille sont allés s'engloutir?

« Mains cruelles, s'écrie saint Chrysostôme, en » parlant aux joueurs; mains parricides! comment » osez-vous dissiper des biens qui ne vous avaient été » transmis par vos ancêtres, que dans l'espoir que » vous les transmettriez vous-mêmes à vos descen- » dans? Pouvez-vous en un seul jour peut-être faire » évanouïr les travaux de tant d'années? Que seriez- » vous devenus, si ceux qui vous ont donné le jour, » vous avaient ôté les moyens de soutenir votre état? » Que vous ont fait vos enfans, pour vous faire un » jeu du changement de fortune où vous les réduisez? » Voulez-vous que le désespoir les ensevelisse en un » même jour, et en une même tombe avec vous? ou » est-ce pour vous comme s'ils ne devaient plus » être dès que vous ne serez plus? A quoi serez-vous » sensibles, si vous ne l'êtes à la ruine de votre fa- » mille, et au malheur de votre propre sang? » Ces paroles seules que je viens de citer, devraient faire cesser tous les jeux, et ramener ceux qui s'y livrent de leur égarement.

CHAPITRE VI.

De la loterie.

La loterie, telle qu'elle se joue aujourd'hui, est composée de quatre-vingt-dix numéros, depuis un jusques et compris le numéro quatre-vingt-dix, dont cinq seulement paraissent à chaque tirage.

L'arrêté du Gouvernement, en date du 8 octobre 1797, et qui est encore en vigueur, porte qu'il sera délivré aux actionnaires des billets définitifs émanés d'un registre à souche; qu'il ne sera accepté aucune mise dont le total soit au-dessous de 50 centimes. Les mises applicables aux différentes chances qui composent cette loterie, ainsi que les lots qui écherront à chacune d'elles, seront réglés conformément à ce qui suit :

La loterie est composée de quatre-vingt-dix numéros, et les cinq qui sont tirés de la roue de fortune, produisent,

5 Lots d'extraits simples.
10 Lots d'ambes simples.
10 Lots de ternes.
5 Lots de quaternes.
5 Lots d'extraits déterminés.
10 Lots d'ambes déterminés.

Chacun des actionnaires sera le maître de choisir tel numéro et telle quantité de numéros qu'il lui plaira, pour former sa mise; il aura également la liberté de prendre intérêt sur une comme sur plusieurs chances à la fois, et d'y placer, soit dans un seul et même billet, soit dans une plus grande quantité, telle somme qu'il lui plaira, à l'exception de la chance du quaterne, qui ne peut être joué que jusqu'à la concurrence de 12 francs seulement.

Les chances de la loterie sont partagées en deux classes; savoir, celle des chances simples, qui comprend l'extrait, l'ambe, le terne et le quaterne, et celle des chances déterminées, qui renferme l'extrait déterminé.

PREMIÈRE CLASSE

Chances simples.

L'extrait simple consiste dans la rencontre de un, de deux, de trois, de quatre, et même de cinq numéros, qui sont tirés de la roue de fortune. On peut s'intéresser sur un ou plusieurs à la fois, pour multiplier ses espérances; mais on n'est pas obligé de désigner l'ordre de sortie de chacun d'eux.

La loterie accorde, pour la sortie de chaque extrait simple, 15 fois la valeur de la mise; et on peut placer sur chacun d'eux de 25 centimes en 25 centimes progressivement.

L'ambe simple est formé par la sortie de deux numéros quelconques, placés dans une seule et même mise; et il n'est pas nécessaire de leur assigner de rang dans l'ordre de leur sortie.

La loterie accorde, pour la rencontre de chaque ambe, 270 fois la valeur de la mise; et on peut y placer 10 centimes, et toujours de 10 centimes en 10 centimes progressivement.

2

Le terne est formé par la sortie de trois nombres quelconques, placés dans un seul et même billet.

La loterie accorde, pour la rencontre de chaque terne, 5,500 fois la valeur de la mise; et on peut y placer depuis 5 centimes, et toujours de 5 centimes en 5 centimes.

Le quaterne est formé par la sortie de quatre nombres quelconques, placés dans un seul et même billet.

La loterie accorde, pour la rencontre de chaque quaterne, 75,000 fois la valeur; et on peut placer sur chacun d'eux, depuis 5 centimes, et toujours de 5 centimes en 5 centimes jusqu'à 12 francs. Chacun des actionnaires peut calculer, à son gré, les chances qui lui paraîtront les plus avantageuses; et il peut mettre plus ou moins d'intérêt en sa faveur, en multipliant la quantité de ces nombres pour former sa mise.

Exemple.

Soient les cinq numéros suivans : 2 39 41 50 78, placés sur toutes les chances simples de la manière ci-après :

5 Extraits à 3 fr.	15 fr.
10 Ambes à 1 fr. 60 c.	16
10 Ternes à 1 fr.	10
5 Quaternes à 60 c..	3
Total	44 fr.

Bénéfices divers qui peuvent résulter de cette mise.

Par la sortie d'un seul numéro, un extrait de	45 fr.
Par celle de deux numéros, deux extraits et un ambe	522

Par celle de trois numéros, trois extraits, trois ambes, et un terne....... 6,931 fr.

Par celle de quatre numéros, quatre extraits, six ambes, quatre ternes, et un quaterne........................... 69,772

Par celle des cinq numéros, cinq extraits, dix ambes, dix ternes, cinq quaternes............................ 284,545

Cet exemple seul suffit pour y appliquer les différens benéfices auxquels l'actionnaire a droit de prétendre, en raison de la rencontre d'une plus ou moins grande quantité de ces numéros, avec ceux qui sont extraits de la roue de fortune.

SECONDE CLASSE.

Chances déterminées.

L'extrait déterminé consiste à indiquer l'ordre de la sortie des numéros qu'on a choisis, c'est-à-dire, parier que tel ou tel numéro sortira le premier, le second, le troisième, le quatrième ou le cinquième de la roue de fortune. Un actionnaire peut donc placer un ou plusieurs numéros sur une ou plusieurs sorties, mais jusqu'à quatre seulement.

N. B. L'actionnaire qui proposerait cette mise sur les cinq sorties, doit être averti qu'il aurait plus d'avantage à la porter sur la chance de l'extrait simple ; il y aurait lieu au même avertissement, dans le cas d'un jeu d'ambes déterminés par groupe, qui serait pareillement proposé sur les cinq sorties.

On pourra placer sur chacune des sorties de cette chance de 25 centimes en 25 centimes progressivement.

La loterie accorde, par forme de lot, 70 fois la valeur de la mise par chaque extrait déterminé.

L'ambe déterminé consiste à faire choix de deux numéros au moins pour comparer sa mise, et à indiquer l'ordre de sortie de chacun d'eux; mais quoiqu'il ne soit requis que deux numéros pour former l'ambe déterminé, on peut néanmoins en adopter une plus grande quantité.

Il est encore à observer, pour règle générale, que deux numéros quelconques, liés ensemble sur toutes les sorties, peuvent se combiner de vingt manières différentes : chaque ambe simple formant vingt ambes déterminés à payer. Comme nous n'avons établi nos jeux que sur extrait déterminé, nous ne nous arrêterons pas à expliquer cette combinaison.

OBSERVATION.

En conséquence des instructions données aux receveurs, les actionnaires doivent, pour éviter toute erreur, et s'assurer de la perfection de leurs mises, suivant leur intention, se faire répéter par le receveur leurs numéros et leurs mises posées sur le registre, avant de recevoir leur billet, attendu que l'administration ne paye que les lots échus dans les billets qui se trouvent conformes avec le registre.

Les actionnaires doivent avoir aussi le plus grand soin de leurs billets, afin que la souche qui se trouve à la partie du timbre, ne soit point dégradée, attendu que l'administration ne paye point les lots d'un billet dont la souche aurait été dégradée, ou altérée, ou détruite, ainsi que le billet dont on aurait gratté ou surchargé les numéros.

Les actionnaires qui auront gagné un lot, ne peuvent, pour en obtenir le payement, se présenter que chez le receveur qui aura reçu leurs mises, ou à la caisse générale de l'administration; et, dans ce dernier cas, il faut obtenir de l'administration le visa du billet.

La caisse générale ne paye les lots échus que quatre jours après le tirage.

Les moyens que l'on emploie pour opérer les tirages, où la bonne foi préside, ne laissent rien à désirer de la part du public. La sortie des cinq numéros est constatée par un procès verbal, dans lequel on observe avec la plus grande attention l'ordre des sorties; le tout en présence et sous les ordres du préfet de police et des administrateurs.

La loterie n'accorde le gain d'un lot quelconque, qu'autant que l'actionnaire aura désigné et payé les chances pour lesquelles il a voulu s'intéresser; c'est-à-dire, que s'il a choisi plusieurs numéros, et qu'il n'ait placé ni sur l'ambe, ni sur le terne, ni sur le quaterne, ni sur le quine, il ne peut prétendre qu'aux extraits, puisqu'il n'a payé que les extraits; si, au contraire, l'actionnaire n'avait mis que sur les autres terne, quaterne et quine, il ne gagnerait rien sur les extraits, puisqu'il ne s'est intéressé que sur les autres chances.

CHAPITRE VII.

Que penser des gouvernemens qui autorisent la loterie, et en font un impôt volontaire?

Le jeu n'étant pas mauvais de soi, comme nous l'avons dit plus haut, les gouvernemens pourraient exploiter la loterie à leur profit; mais il faudrait que ce jeu n'occasionnât pas la ruine des sujets; que si, au contraire, vu la corruption des mœurs, le jeu devient le fléau de la société, la source des dissensions domestiques et quelquefois civiles, le piveau autour duquel se meuvent tous les vices destructeurs de l'ordre moral, les gouvernemens ne peuvent permettre ce jeu sous aucun prétexte, mais bien employer les moyens en leur pouvoir pour l'interdire dans toute l'étendue de leur domination; mettre la même vigueur qu'ils emploîraient à réprimer une bande de factieux qui ravageraient les provinces de l'empire, parce que les chefs d'un état quelconque doivent, avec un soin égal, veiller sur tous leurs peuples, réprimer les abus qu'ils remarquent sur leurs terres, et travailler sans relâche au bonheur des sujets. Or, la loterie, de nos jours, joue un rôle dévastateur sur la morale et la fortune publiques; elle pervertit et corrompt toutes les classes de la société, et particulièrement la classe la moins éclairée; c'est à ce jeu qu'elle sacrifie ce qu'elle possède, et souvent plus qu'elle ne possède. Il serait comme impossible de compter le nombre des familles victimes de cette passion meurtrière;

que de négocians ont vu s'engloutir leur fortune, et ont été réduits par elle à la mendicité! Combien d'honnêtes gens n'ont-ils pas été entraînés au crime par la tentation d'accumuler leur bien en jouant à la loterie, tandis que d'autres sont allés se soustraire dans le suicide, à leur situation désespérante. Ainsi, les meurtres, les vols, les banqueroutes, en un mot, tous les crimes qu'enfante l'immoralité, sont bien souvent les tristes fruits de la trompeuse loterie, comme l'ont toujours pensé les gens sages et éclairés. Il est donc inconcevable que des gouvernemens, qui se disent constamment occupés du bonheur des peuples, en soient en quelque sorte les meurtriers, en maintenant une institution qui exerce sur la société de si funestes ravages.

Qu'on ne dise pas que tout particulier, maître de son bien, peut en disposer comme bon lui semble : si cela était, la société tomberait en lambeaux; chaque individu disposerait de sa fortune selon son caprice, et non selon les lois de l'équité : d'où naîtraient la confusion et le désordre. Mais on poursuit, et on dit que le Gouvernement ne force personne à jouer; que s'il tire un impôt sur ce jeu, il est volontaire. Je réponds avec le meilleur diplomate de l'Europe* : « Quel impôt que celui qui ne peut être prélevé qu'autant qu'on égare la raison des peuples! quel impôt que celui qui fonde ses plus grands produits sur le délire ou le désespoir! quel impôt que celui que le plus riche propriétaire est dispensé de payer ; que les hommes vraiment sages, que les meilleurs citoyens ne paye-

* M. de Talleyrand.

ront jamais ! Impôt libre ! Étrange liberté que celle qu'on suppose exister au milieu des amorces les plus séduisantes. Chaque jour, à chaque instant du jour, on crie au peuple qu'il ne tient qu'à lui de s'enrichir avec un peu d'argent ; on propose un million pour un franc, au malheureux qui ne sait pas compter, et qui manque du nécessaire. Et le sacrifice qu'il fait, dans ce fol espoir, du peu d'argent qui lui reste, est un don libre, volontaire : c'est un impôt qu'il paye à l'État!!! »

On dira sans doute que de deux maux, on doit choisir le moindre, et que le Gouvernement ne permet la loterie que pour éviter de grands abus, et empêcher le numéraire de sortir du royaume.

Cette dernière raison, fondée sur la conservation du numéraire, est illusoire dans le principe, puisqu'on parle de tous les gouvernemens en général, en prétendant que la loterie devrait être partout interdite. Alors les joueurs de Londres n'apporteraient pas leur argent à Paris, ni ceux de Paris à Londres, pour le même objet.

Quant aux abus, quoiqu'il ne m'appartienne pas à moi, habitant les hautes montagnes d'Auvergne, de les calculer, de peser les avantages et les inconvéniens qui pourraient résulter de l'interdiction de la loterie, dans le siècle où nous sommes, il me semble qu'en supprimant ce jeu, tout le monde y gagnerait ; l'argent des actionnaires serait employé plus utilement ; le numéraire serait mieux réparti, l'industrie en profiterait ; les vols, les assassinats, les suicides enfin, seraient plus rares, et, pour tout dire, la gendarmerie serait moins nécessaire, puisqu'il y aurait moins de désordres à réprimer.

CHAPITRE VIII.

Que penser des joueurs.

CEUX qui jouent à la loterie, en général, n'y perdent pas un temps considérable ; il suffit d'aller au bureau chercher son billet, et ils peuvent pour cela choisir les momens perdus : sous ce rapport ils peuvent jouer. Mais, d'un autre côté, les joueurs sont presque toujours conduits par spéculation, par un esprit de cupidité insatiable ; souvent ils exposent au jeu des sommes capables de nuire à leurs affaires, ou du moins ils y risquent un argent nécessaire à l'entretien de leur maison ; et nous avons déjà vu que c'est une circonstance qui rend criminel toutes sortes de jeu, et surtout le jeu de hasard, comme la loterie.

Les joueurs de la basse classe de la société prennent souvent un, deux ou trois numéros, les *nourrissent* pendant plusieurs années, et se mettent par là dans un péril évident de perdre. Car un extrait simple ne se paye que 15 fois la valeur de la mise ; son retard peut aller jusqu'à deux cents tirages : il y a donc treize fois plus de probabilité pour la perte que pour le gain. Que s'il gagne une fois, il pourra rester cinq ans et plus sans gagner de nouveau ; il perdra donc bien plus que son gain ne lui a donné de bénéfice.

S'il joue sur extrait déterminé, en prenant un numéro, et s'il gagne, il aura 70 fois la valeur de la mise ; il pourra donc jouer avec ce bénéfice pendant presque deux ans ; mais cela ne lui suffit pas, puisqu'un numéro, sur extrait déterminé, peut rester vingt-cinq ans sans paraître. S'il prend deux numéros, ambe simple, et qu'ils sortent, il aura un bénéfice de 270 fois la valeur de la mise ; avec ce bénéfice, il pourra jouer pendant sept ans ; mais ces deux numéros peuvent rester trente ans sans paraître. Le danger de perdre est encore plus grand pour l'ambe déterminé, le terne et le quaterne ; car il s'accroît à mesure que le gain augmente. En prenant plusieurs numéros, les chances deviennent plus favorables ; mais, d'un autre côté, les bénéfices diminuent à raison de l'augmentation du nombre des numéros : ce qui revient à peu près au même.

De l'inégalité entre les actionnaires et les administrateurs de la loterie.

Dans la loterie, il n'y a pas égalité entre les administrateurs de ce jeu et ceux qui y font des mises ; car pour cela, il faudrait que les probabilités pour le gain et pour la perte, fussent égales, et qu'en prenant les quatre-vingt-dix numéros, le gain pût égaler les mises, ce qui demanderait qu'un extrait simple se payât 18 fois la valeur de la mise ; un ambe simple 405 fois ; un extrait déterminé 90 fois. En effet, en jouant sur extrait déterminé, par exemple, on parie qu'un tel numéro sortira sur les quatre-vingt-dix dont se compose la loterie ; mais comme il n'y a qu'un quatre-vingt-dixième de probabilité que ce numéro paraîtra, il devrait y avoir aussi un bénéfice égalant 90 fois la valeur de la mise. Or, l'ambe déterminé ne se paye que 70 fois, donc il n'y a point de parité entre les actionnaires et l'administration de la loterie ; par conséquent, il n'est pas étonnant que les gains des actionnaires soient si faibles, quoique les mises soient si multipliées. En effet, celles-ci s'élèvent-elles à un taux vraiment effrayant. Sans compter les bénéfices de l'administration, et le traitement des employés des bureaux dont on compte plus de mille, le versement au trésor royal, sur le produit des jeux, était, en 1823, de 5,500,000 fr.

Si donc les actionnaires, après avoir bien lu ce que je viens de dire, voulaient encore continuer leur même routine à ce jeu, ils seraient dignes de pitié; on pourrait leur dire que pour eux il n'y a qu'une seule manière de gagner, c'est de mettre, à tous les tirages, dans un coin de leur coffre-fort, l'argent qu'ils sacrifieraient à la loterie ; et, au bout d'un certain temps, ils trouveront une somme plus ou moins considérable, selon ce qu'ils auraient perdu, qui sera pour eux un gain réel. Ce moyen est bien plus raisonnable que leur méthode. Que leur sert, en effet, d'entretenir deux numéros pendant douze ou quinze ans, et pour lesquels il faudra partiellement, en mettant 1 fr. à chaque tirage, une somme totale, de 4 à 500 fr., tandis qu'ils ne gagneront que 270 fr.? Mais il est des gens que leur entêtement rend sourds et aveugles ; ils ne pensent pas perdre beaucoup, parce que leur perte n'a lieu qu'insensiblement. Ils sentent bien qu'ils sont courts, qu'un besoin d'argent les tourmente; mais ils se gardent bien d'attribuer cela à la loterie ; et malgré la pénurie du numéraire, il faut, avant tout, tenir son jeu au courant, dût-on prendre même sur sa nourriture.

Il y a d'autres joueurs qui prennent un grand nombre de numéros, parmi lesquels ils choisissent toujours de préférence les numéros heureux, forment des cabales, hasardent différentes combinaisons. S'ils se réveillent d'un long somme, aussitôt ils se tuent la tête pour repasser dans leur mémoire les divers songes qu'ils ont eus pendant la nuit, et vite courent à la loterie pour prendre des numéros conformes à leurs rêves. Toutes ces personnes, dis-je, croient bonnement trouver, par ce moyen, quels sont les numéros qui doivent sortir; mais elles finissent, hélas! par voir leur espérance évanouïe. Si elles lisent attentivement la seconde partie de ce petit livre, elles reviendront, j'espère, de leur erreur. Ce que dit La Bruyère du jeu est si vrai, que le lecteur me saura gré, je crois, d'avoir placé ce beau morceau dans cet ouvrage.

Du jeu, par La Bruyère.

« Le jeu est une occupation fatigante, et personne ne s'en lasse : nous en avons des exemples.

» Ce n'est point l'avarice qui a inspiré aux hommes le désir de jouer, c'est l'ambition, la prodigalité.

» L'oisiveté détournant des occupations sérieuses, attache à cet exercice où on prétend se désennuyer, où on cherche à couler le temps, et où la moindre perte est celle de l'argent.

» L'ambition qui fait naître l'envie de tenir tête aux personnes de la première volée, conseille cet amusement comme un moyen de s'ouvrir une libre entrée dans toutes sortes de maisons.

» La prodigalité ferme les yeux aux dépenses que l'on

l'on fait, aux risques que l'on court. On se flatte que les sources ne tariront jamais, que les ressources ne manqueront point; de là vient cette habitude mauvaise de faire succéder les profusions énormes à de légers gains, ou de recouvrer les pertes par des excès monstrueux qui en attirent de nouvelles.

» L'avarice n'a garde de suggérer une telle occupation ; un amateur de l'argent ne le hasarde pas volontiers ; il le conserve précieusement : ses délices sont dans la contemplation ; ses joies dans la vue de grosses sommes. On trouve peu d'avares qui sachent même les jeux les plus communs.

» Les imprécations, les juremens, les blasphèmes, suite funeste des malheurs d'un joueur, le rendent ardent. Le feu paraît dans ses yeux ; la rage éclate sur son visage, le désespoir par sa bouche. Dans cet état où il est tout hors de soi, est-il possible de croire que la raison le maîtrise encore.

» J'ai vu des gens se piquer de n'ignorer aucun jeu. Pour moi, je ne me crois nullement déshonoré d'avouer que je les ignore tous, et que je ne veux apprendre que celui des échecs.

» L'intérêt bannit la bonne foi du jeu. Il est dangereux de jouer avec ses amis. Le jeu donne lieu aux injures, et par conséquent à des haines irréconciliables.

» La fortune d'un joueur est incertaine ; il perdra dans un moment le fruit de plusieurs jours de gain. A-t-on vu beaucoup de joueurs s'enrichir ? l'argent du jeu ne profite presque jamais. Si j'étais le fils d'un père, joueur de profession, je renoncerais à l'espérance d'un patrimoine.

» *Aspasie*, dont le mari est passionné pour le jeu, ose-t-elle s'attendre à un douaire? *Damis*, depuis huit jours, est en gain; son bonheur qui partout fait bruit, lui attire des envieux. On étudie ses démarches, on l'observe, on le suit. Près de rentrer chez lui, on le vole, on le maltraite. La perte n'était-elle pas plus favorable à Damis? S'il s'en allait tristement, du moins il marchait en sûreté.

» Je mets la passion du jeu au nombre de celles dont on ne revient pas. On ne cesse point de jouer qu'on n'ait tout perdu, et encore à quelle extrémité ne se réduit-on pas pour réparer les mauvais succès. Que reste-t-il à perdre à qui a joué son carosse et ses cheveux? avec eux il a perdu sa réputation.

« On peut être bon joueur sans être honnête homme. Jouer beau jeu, se modérer dans la perte, hasarder son argent sans chagrin, gagner fidèlement, il ne faut que cela pour avoir le nom de bon joueur. Mais peut-on jouer sans se dérober à ses affaires, sans se ruiner ou ruiner les autres, sans nouer des commerces suspects? Tout cela, *Trasimon*, s'accorde-t-il avec les règles de la probité? »

SECONDE PARTIE.

CHAPITRE IX.

Réfutation en général des ouvrages de M. Menut de Saint-Mesmin, et surtout de son livre intitulé : Le Livre d'Or.

M. MENUT s'est occupé depuis long-temps de la science des nombres ; il a examiné attentivement leur marche dans le jeu de la loterie. Après de profondes méditations, l'auteur a fait un Traité sur la loterie, dont voici le commencement.

« *D.* Qu'est-ce que la lotonomie?

» *R.* C'est une science qui a pour objet le calcul des » probabilités, par le moyen de divers principes et » règles mathématiques.

» *D.* Comment peut-on appliquer des règles et prin» cipes mathématiques à la loterie qui n'est qu'un jeu » de hasard?

» *R.* Celui qui sait bien la combiner, y trouve une » infinité de rapports *arithmétiques*, *analitiques* et *géo-* » *métriques*, qui ne sont pas pour lui un jeu de hasard, » mais bien un système *régulier, exact et positif*, du» quel il peut faire son amusement et son profit. »

Les lignes que je viens de transcrire, renferment autant d'absurdités que de mots. Il est en effet inconcevable qu'on puisse obtenir des règles *fixes*, *exactes*, *régulières*, des *principes mathématiques* essentiellement invariables, dans une chose de hasard qui doit varier continuellement. Je veux que le plus fameux joueur de l'univers fasse toutes les combinaisons possibles pour faire de la loterie un *système régulier*, il n'en viendra jamais à bout (n'en déplaise à M. Menut). Car pour cela il faudrait connaître d'avance quels sont les numéros qui sortiront de la roue de fortune, après plusieurs tours, ce qui est d'une impossibilité évidente. A la vérité, on peut rendre les chances favorables, et la sortie des numéros plus probable, comme je le prouverai dans la troisième partie de cet ouvrage, mais non pas rendre les succès certains pour les actionnaires; autrement la loterie ne pourrait pas y tenir. Aussi M. Menut qui, sans doute, comme directeur général de ce jeu, a intérêt à ce que l'administration de la loterie fasse de grosses recettes, semble avoir fait ses ouvrages tout exprès pour arriver à ce but, comme on va le voir.

CHAPITRE X.

Où il est prouvé qu'il n'y a pas de numéros plus heureux les uns que les autres.

M. Menut prétendant qu'il y a des numéros les uns plus heureux que les autres, assigne plusieurs numéros sur extrait simple et sur extrait déterminé, d'après lesquels on peut former plusieurs jeux très-heureux, et pour ainsi dire sûrs. Il donne à ces jeux différens noms, tels que *Jeu de Cardinal*, *Jeu des Ju-*

meaux, *Jeu des Apôtres*, etc. Il fixe le retard des numéros qui sont dans ces jeux, et affirme qu'ils ne franchiront pas la limite fixée. Cela peut être ; mais il faut une grande foi pour l'en croire, surtout lorsque son principe de limites mathématiques est faux, comme je le montrerai bientôt. Parmi tous ses jeux sur extrait simple, je me contenterai d'en citer un ; c'est le jeu intitulé : *Jeu des Jumeaux*.

11, 22, 33, 44, 55, 66, 77, 88.

Son retard est de dix-sept tirages. Pour jouer sur extrait simple, en prenant ces huit numéros, il faudra attendre qu'ils aient resté quinze à seize tirages sans paraître, et puis établir une martingale, en triplant, ce qui demandera une somme considérable en réserve; cependant l'on ne pourra jouer qu'une fois tous les deux ou trois ans, comme je m'en suis convaincu en examinant les tirages déjà effectués : cette manière de jouer ne donnerait pas même aux actionnaires un bénéfice de 5 pour 100 par an. Il en est de même de tous les autres jeux sur extrait simple.

Colonne des Antipodes.

16, 19, 26, 29, 36, 39, 46, 49, 56, 59, 61, 62, 63, 64, 65, 67, 68, 76, 79, 86, 89.

Le retard de ce jeu, d'après M. Menut, sur extrait déterminé, n'importe à quelle sortie, est de trente-neuf tirages. Or, s'il faut attendre que ces numéros approchent de leur limite, on ne jouera presque jamais, puisque ces numéros, pendant les années 1824, 1825 et 1826, ne sont pas sortis autant de fois que les autres numéros de la loterie, proportion gardée. Les autres colonnes, sur extrait déterminé, ne sont pas plus exactes.

S'il y avait des numéros plus heureux les uns que les autres, ces mêmes numéros se montreraient toujours favorables, et leur sortie aurait lieu plus souvent que celle des autres numéros, proportionnellement. Or, l'expérience faite sur les tirages effectués, prouve, au contraire, que les numéros restent, tantôt plusieurs tirages sans sortir, tantôt ils sortent pendant plusieurs tirages de suite, comme on le voit dans le tableau suivant.

Explication du tableau.

Le premier rang de chiffre indique les quatre-vingt-dix numéros dont se compose la loterie. Le second rang fait connaître combien de fois chaque numéro est sorti depuis l'établissement de la loterie jusqu'au 25 décembre 1820. Le troisième rang marque combien de fois chaque numéro est sorti depuis le 5 janvier 1821 jusqu'au 15 août 1826.

1.	1	2	3	4	5	6	7	8	9	10	11	12	13	14	15	16	17	18	19	20	21	22	23
2.	64	70	79	69	78	79	82	57	89	77	78	66	64	67	69	61	81	74	87	75	93	91	69
3.	12	13	14	10	12	13	11	11	15	12	12	16	14	19	11	13	12	13	8	6	9	16	11

1.	24	25	26	27	28	29	30	31	32	33	34	35	36	37	38	39	40	41	42	43	44	45	46
2.	69	68	77	73	83	85	92	77	95	66	82	79	91	97	72	74	90	68	90	69	71	61	77
3.	10	22	15	10	7	9	12	14	8	13	13	14	15	9	10	10	10	10	12	8	16	17	9

1.	47	48	49	50	51	52	53	54	55	56	57	58	59	60	61	62	63	64	65	66	67	68	69
2.	80	96	71	80	79	71	90	69	64	57	88	68	72	76	85	83	90	83	62	82	81	68	70
3.	9	8	10	5	5	16	12	13	9	10	7	9	7	11	10	10	6	9	18	12	6	12	13

1.	70	71	72	73	74	75	76	77	78	79	80	81	82	83	84	85	86	87	88	89	90
2.	71	82	73	92	65	82	81	65	86	80	84	81	71	78	82	66	81	71	85	66	79
3.	8	14	7	10	11	9	11	12	13	8	18	7	10	11	9	13	11	10	15	8	19

L'on voit que les numéros suivans, 5, 17, 19, 21, 28, 29, 32, 37, 48, 50, 51, 57, 64, sont sortis, pendant tous les tirages qui ont eu lieu depuis l'établissement de la loterie, jusqu'au 25 décembre 1820, plus de fois qu'aucun des autres numéros qui se trouvaient ensemble dans la roue de fortune. Ces numéros, comme ayant été très-heureux pendant environ quatorze cent dix-neuf tirages, auraient dû, ce semble, continuer d'être heureux, et paraître, par conséquent, plus souvent que les autres numéros qui ont été en retard pendant tous ces mêmes tirages; cependant c'est le contraire, et voilà de quoi déconcerter les partisans des jeux heureux. Le numéro 14, qui n'était sorti que 67 fois, et qui devait être, par conséquent, regardé comme un numéro malheureux, qui paraît rarement, est néanmoins sorti 19 fois pendant les six dernières années : il en est de même de beaucoup d'autres numéros. Et le numéro 21, qui était sorti 93 fois, a été en retard pendant les six dernières années, puisqu'il n'a paru que 9 fois. Donc, généralement parlant, il n'y a pas de numéros plus heureux les uns que les autres : donc les jeux de M. Menut sont faux.

CHAPITRE XI.

Fausseté des limites mathématiques de M. Menut.

L'AUTEUR précité a fixé le retard des numéros. Pour savoir si son calcul est juste, prenons son principe même, ainsi établi :

Tableau des séries de files ordinaires et extraordinaires, applicables à toutes les loteries composées de quatre-vingt-dix numéros.

Limites des extraits simples.

Pour	limite ordin.	Limite extraord.
1	166.	210.
2	83.	105.
3	56.	70.
4	42.	52.
5	34.	42.
6	26.	35.
7	24.	30.
8	21.	25.
9	19.	23.
10	17.	22.
11	16.	20.
12	14.	17.
13	13.	16.
14	12.	15.
15	12.	12.

L'on voit, d'après ce principe, que dix numéros, pris indistinctement sur les quatre-vingt-dix, devraient sortir au moins au 22e tirage de retard; toutefois les numéros suivans, 2, 24, 40, 49, 50, 67, 68, 70, 76, 83, ont resté depuis le 5 janvier 1825 jusqu'au 15 décembre de la même année, c'est-à-dire, trente-cinq tirages, sans paraître : donc l'actionnaire qui se serait fié au principe de M. Menut, aurait nécessairement échoué.

Limites ordinaire et extraordinaire des extraits déterminés, selon M. Menut.

	Limite ordinaire	Limite extraordinaire
Pour 1	830.	1134.
2	415.	567.
3	277.	378.
4	208.	284.
5	166.	227.
6	139.	189.
7	119.	162.
8	104.	142.
9	93.	126.
10	83.	114.
11	76.	103.
12	70.	92.
13	64.	88.
14	60.	81.
15	56.	76.
16	52.	71.
17	49.	67.
18	47.	63.
19	44.	60.
20	42.	57.
21	40.	53.
22	38.	52.
23	36.	50.
24	35.	48.
25	34.	46.
26	32.	44.
27	31.	42.
28	30.	41.

Pour 29	29.	....	40.
30	28.	....	38.
31	27.	....	37.
32	26.	....	36.
33	26.	....	35.
34	25.	....	34.
35	24.	....	33.
36	24.	....	32.
37	23.	....	31.
38	22.	....	30.
39	22.	....	29.
40	21.	....	28.
41	21.	....	27.
42	20.	....	26.
43	20.	....	26.
44	19.	....	25.

D'après M. Menut, trente-huit numéros, pris indistinctement sur les quatre-vingt-dix numéros, devraient paraître au trentième tirage ; cependant les trente-huit numéros suivans, sans respect pour les fameux principes mathématiques de M. Menut, ne sont pas sortis pendant les années 1820 et 1821 ; ils ont donc resté, sans paraître, soixante-douze tirages au lieu de trente. Ces numéros sont : 4, 5, 7, 11, 12, 13, 15, 20, 22, 24, 27, 28, 31, 32, 33, 34, 38, 40, 41, 42, 49, 50, 51, 52, 55, 56, 58, 59, 61, 64, 65, 69, 76, 77, 81, 82, 83, 86. Ainsi, les limites sur extrait simple et sur extrait déterminé, ne sont propres qu'à faire perdre les actionnaires qui les adopteraient sans examens. Les autres différens jeux que je vais examiner rapidement, ne sont pas moins répréhensibles.

CHAPITRE XII.

Fausseté des différens jeux sur la loterie.

Tableau géométrique.

M. Menut, pour établir son tableau, arrange les quatre-vingt-dix numéros de la loterie en lignes perpendiculaires, horizontales, obliques, carrées, etc., et compare ces numéros ainsi disposés, à un jeu de quille, affirmant que la boule qui prendrait le jeu par la diagonale, serait dans une plus grande probabilité d'abattre des quilles, que si elle ne le prenait qu'en ligne droite; cela est très-vrai. Pour s'en convaincre, il n'y a qu'à considérer la position du jeu de quilles; mais M. Menut aurait dû faire voir le rapport qui existe, selon lui, entre ces deux jeux. Pour moi, je n'y trouve aucune comparaison; car, sous quelque rapport que je considère le tableau géométrique, et dans quelle position que j'y prenne des numéros, rien ne m'assure que ceux qui sortiront de la roue de fortune, seront les mêmes que ceux que j'aurai pris, comme cela est évident.

Du jeu septénaire.

Ce jeu consiste à prendre sept numéros indiqués par le numéro sorti dans le tirage précédent, d'après une table de numéros, établie par M. Menut. Ainsi, par exemple, si le numéro 7 sort le premier de la roue de de fortune, il indique qu'il faudra placer, pour le tirage suivant, les numéros depuis 34 jusqu'à 40. La limite de ce jeu est de sept tirages : s'il passe ce nombre, il faut faire supporter les avances sur d'autres jeux. A en croire l'auteur, cette manière de jouer est avantageuse ; cependant la prétendue bonté de ce jeu a été démentie par l'épreuve que j'en ai faite sur les tirages déjà effectués. Il en est de même du *jeu de la Quinte,* qui se joue comme le précédent, excepté qu'on ne prend que cinq numéros au lieu de sept. Ces cinq numéros ont leur indicateur dans le numéro sorti au tirage précédent.

Du jeu de Cabale.

Le jeu par cabale consiste dans l'arrangement de certains nombres. Pour opérer dans ce jeu, il faut prendre cinq numéros du dernier tirage, suivant l'ordre de leur sortie ; on les arrange sur une même ligne, à côté l'un de l'autre, et l'on y ajoute les nombres 7, 15, 12. Soit, par exemple, les cinq nombres 53, 90, 35, 3, 72.

Formation de la pyramide.

5390353727 1512
829488099 8663
013268087429
245848951 61
6932274677
525491034
77930147
4623251
085576
93023
2335

568
14
5

Manière d'opérer dans cet exemple.

Après avoir posé vos numéros, vous dites 5 et 3 font 8, vous posez 8 sous 5 et 3 ; vous reprenez une seconde fois ce même 3, et l'additionnez avec le 9 suivant, et dites 3 et 9 font 12, posez 2 sous le 3 et 9; vous dites 9 et o font 9, car lorsque le zéro vient après le chiffre, il ne compte pour rien ; et, au contraire, s'il y eût eu o et 9, vous eussiez été obligé de compter 10, parce que o vaut 1, lorsqu'il est antécédent; vous dites donc 9 et o font 9, que vous posez sous ces mêmes 9 et o ; vous continuez o et 3 font 4, parce qu'ici le o est antécédent, et qu'il vaut 1, que vous mettez sous les 3 et 4 ; ensuite vous reprenez 3 et 5 font 8, vous posez 8 sous les 3 et 5, et ainsi de suite jusqu'au dernier nombre. Lorsque votre addition ne vous donne plus que quatre chiffres, vous tirez une ligne dessous, et il ne vous vient plus que six nombres : ces nombres, selon M. Menut, devraient produire plusieurs numéros pour le tirage suivant; cependant les calculs déjà essayés m'ont convaincu du contraire.

Lever et coucher du soleil.

L'apparition ou disparition de ce globe lumineux n'a point non plus d'influence sur des numéros mis en mouvement par la rotation d'une roue. Soutenir une pareille absurdité, ce serait faire profession du charlatanisme des *tireurs* d'horoscope, qui emploient tous les moyens imaginables pour abuser de la crédulité publique.

Clef d'or des Égyptiens.

L'on choisit le quantième du mois dans lequel on est né, le jour de la semaine, ce qui forme en tout cinq numéros à mettre.

Exemple.

M. est né le quantième d'un mois quelconque. Le jeudi, il mettra 3, 35, 48, 88, et y joindra le numéro 39, qui est celui du jeudi. Celui qui est né le 31 du mois, mettra les numéros du 30, et celui de la semaine, dans le premier mois.

Chaque quantième a quatre numéros qui lui sont annexés. Cette combinaison indique la manière de placer les mises selon la cabale de Winckelli. Autant vaudrait dire : Prenez cinq numéros, s'ils sortent vous gagnerez; sinon ils sortiront plus tard. Il n'y a en effet aucun rapport entre des numéros balottés dans une roue de fortune, et le quantième d'un mois, d'un jour, etc., etc.

Combinaison astronomique.

La savante combinaison astronomique de M. Menut n'est pas plus exempte de reproches que tous les jeux dont je viens de parler; car si cette combinaison était aussi sûre que le prétend l'auteur tant de fois cité, les actionnaires gagneraient infailliblement, puisque les astres ont nécessairement leur influence respective.

Des songes.

M. Menut s'est amusé à placer des numéros sur les songes. Ainsi, d'après lui, si vous rêvez d'*Adam* et d'*Eve*, mettez à la loterie sur les numéros 24, 49, 51. Si vous adorez des statues, mettez 4, 65, etc., etc. Ses songes sont si nombreux, que s'ils avaient quelque rapport avec les numéros de la loterie, on gagnerait à tous les tirages, puisqu'on ne passe pas une seule nuit sans faire des rêves. Mais il faut convenir qu'il y a des actionnaires bien bornés, s'ils ajoutent foi à de pareilles absurdités.

Toutes ces manières de jouer sont fausses. M. Menut cite des exemples où les actionnaires ont gagné; je ne le conteste pas; je soutiens seulement que ces gains ont eu lieu par hasard, et non d'après ses diverses combinaisons. Peut-être même ne m'éloignerai-je pas beaucoup de la vérité, en supposant que ces jeux ont été dressés, après la sortie de tel ou tel numéro, pour donner au public un prétexte spécieux.

TROISIÈME PARTIE.

CHAPITRE XIII.

Exposition d'une nouvelle manière de jouer, inconnue jusqu'à nos jours.

Il est impossible, métaphysiquement parlant, d'avoir un principe sûr pour une chose qui dépend du hasard. Ainsi, de quelque manière qu'on envisage des numéros, rien ne peut assurer qu'ils seront conformes à ceux qui sortiront de la roue de fortune ; mais on peut approcher plus ou moins de cette conformité, et c'est ce qui forme des probabilités plus ou moins plausibles. En donnant mes jeux, comme les plus probables qui aient paru jusqu'à nos jours, je me fonde sur une suite de raisonnemens, que toute personne sensée admettra comme autant de vérités incontestables, en lisant les observations suivantes.

Première observation.

Les quatre-vingt-dix numéros dont se compose la loterie, sont mis dans une roue fermée par les côtés, appelée *roue de fortune*. Le jour du tirage arrivé, en présence des autorités compétentes, on fait subir plusieurs mouvemens circulaires à cette roue, ensuite on sort un numéro au hasard, on l'inscrit sur un registre *ad hoc*, et sans le remettre dans la roue avec les autres ; on fait encore mouvoir la roue, après cela on retire de la même roue un second numéro, toujours pris au hasard, et ainsi de suite jusqu'à cinq. Cette manœuvre se répète à tous les tirages. Il suit de là que tout dépend du hasard; que les mêmes numéros ne paraîtront pas toujours; que tôt ou tard tous sortiront, mais toujours dans une combinaison différente, et qu'un certain nombre de numéros ne demeurera pas continuellement sans paraître, autrement ce ne serait pas le hasard qui déciderait dans ce jeu; et plus il y aura de numéros dans ce nombre, plus il sera probable que quelques-uns de ces numéros sortiront.

Seconde observation.

Si on prend quatre-vingts numéros, par exemple, on aura 8 fois plus de probabilités que si on n'en prenait que 10. Si quatre-vingts numéros restent quatre tirages sans sortir, vingt nnméros auront 4 fois plus de probabilités pour rester davantage. Si vingt numéros restent pendant vingt tirages sans sortir, il sera bien plus probable que la sortie de quelques-uns de ces numéros aura lieu plus près du vingtième tirage que du premier; et que celui qui mettrait sur les vingt numéros, après un retard de quinze tirages, aurait plus d'espoir que celui qui mettrait sur les mêmes numéros, au cinquième tirage de retard; au moins la perte de ce dernier serait plus probable.

Troisième observation.

Toute la difficulté consiste à déterminer le vrai retard ou limites des numéros; car si on le connaissait, on commencerait à jouer lorsque les numéros seraient près de leur sortie. Ainsi, si vingt numéros devaient sortir au vingtième tirage de retard, on jouerait par martingale au quinzième tirage, et on continuerait ses mises en doublant, jusqu'à ce qu'un des vingt numéros parût; alors on serait sûr mathématiquement de gagner. Mais la difficulté de connaître le vrai retard des numéros est grande, je dis même que, rigoureusement parlant, elle est impossible; cependant on peut en approcher : on peut même déterminer si la sortie de plusieurs numéros aura lieu dans un période plus ou moins éloigné du retard fixé. Ces observations faites, j'établis quatre méthodes de jouer sur extrait déterminé, n'importe à quelle sortie.

CHAPITRE XIV.

Première méthode.

Elle consiste à laisser tous les numéros qui sont sortis pendant les cent vingt derniers tirages qui précèdent immédiatement le tirage sur lequel on jouerait sur la même sortie, et à prendre tous les numéros restans; ces numéros seront, *proportion gardée*, au nombre de vingt-quatre : j'ai dit proportion gardée, parce que, tantôt il en restera vingt-quatre, tantôt quelques-uns de plus, et tantôt quelques-uns de moins, selon qu'il se trouvera plus ou moins de double ou triple dans les cent vingt tirages déjà effectués, comme je m'en suis convaincu par l'expérience.

On fera ses mises sur ces numéros restans, par extrait déterminé, n'importe à quelle sortie; mais on fera attention que, si on joue sur la première sortie, on doit prendre tous les numéros qui n'ont pas paru sur cette première sortie, pendant les cent vingt derniers tirages, quand bien même ces numéros auraient paru dans la seconde, troisième, quatrième ou cinquième sortie. Si on joue sur la seconde sortie, on prendra tous les numéros qui n'ont pas paru pendant les cent vingt derniers tirages sur cette sortie, quand même ils auraient paru sur la première, troisième, quatrième ou cinquième sortie. On suivra la même marche pour les trois dernières sorties.

On aura soin de ne laisser jamais que les cent vingt derniers tirages immédiats à celui sur lequel on joue. Ainsi, par exemple, si l'on veut jouer sur le tirage du 25 mai 1827, on laissera tous les tirages qui ont eu lieu depuis le 25 janvier 1824 jusqu'au 15 mai 1827 inclusivement, et on prendra tous les numéros qui n'auront pas paru pendant tous ces tirages, dans la sortie sur laquelle on joue; et pour jouer sur le tirage du 5 juin 1827, on prendra tous les numéros qui n'auront point paru depuis le 5 février 1824 jusqu'au 25 mai 1827 inclusivement, toujours dans la sortie sur laquelle on joue; ainsi de suite.

J'ai remarqué que les numéros qui restent, après cent vingt tirages, sur une même sortie, n'ont guère passé seize tirages, sans que quelques-uns aient paru. (Dans un espace de vingt ans, les vingt-quatre numéros susmentionnés n'ont passé cette limite que deux fois.)

Maintenant, si on commence à jouer sur le huitième tirage de retard; c'est-à-dire, qu'on fasse les mises sur les vingt-quatre numéros, sur extrait déterminé, lorsque ces mêmes numéros, outre les cent vingt tirages qui sont de rigueur, auraient resté de plus sept tirages sans paraître, en doublant les mises à tous les tirages, lorsqu'aucun de ces numéros ne sortirait, on serait sûr de gagner, si on avait assez de fonds pour doubler huit ou dix fois. En formant une société de plusieurs membres, dans les villes où il y a des bureaux de loterie, on pourrait avoir une somme en réserve, et se tenir au courant des jeux. Quoique ces numéros n'aient passé que deux fois le nombre seize, dans sept cent vingt tirages, depuis le 5 janvier 1806 jusqu'au 25 décembre 1826, c'en est assez pour se tenir en garde contre un pareil incident, qui, seul, serait capable de déconcerter les plus hardis. Par conséquent, il faut se faire une règle fixe, et jamais ne s'en écarter; pour cela, si quelqu'un des vingt-quatre numéros ne paraît pas au dix-septième de retard, on recommence l'unité de mise, comme s'il était sorti, et par là on ne s'expose pas à faire des pertes énormes; il est vrai qu'on subira, quoiqu'à des époques éloignées, quelques *déficit* partiels, mais les bénéfices multipliés couvriront bien au delà les pertes qu'on pourra faire.

CHAPITRE XV.

Explication de la première méthode.

On peut avoir une liste particulière des tirages de plusieurs années, sur la roue de Paris ou de Lyon, etc., comme est celle que j'ai mise à la fin du chapitre XIX de cette brochure. On formera aussi cinq colonnes, pour marquer les numéros qui sortent à chaque tirage, et ceux qui ne sortent pas, par des zéros, comme on peut le voir au chapitre XVI. Pour plus de commodité, on pourra, sur le même papier, former la liste des tirages, et les cinq colonnes, comme j'ai fait, même chapitre et même tableau.

Alors, observant le mouvement des numéros, par exemple, sur la seconde sortie, pour le tirage du 5 janvier 1825, je laisse tous les numéros qui sont sortis pendant les cent vingt derniers tirages, depuis le 15 août 1821 jusqu'au 25 décembre 1824 inclusivement, et je prends tous les autres qui n'ont pas paru, sur lesquels je fais des mises fictives pour le tirage du 5 janvier 1825 : ce dernier tirage me donne, sur la seconde sortie, le numéro 4, lequel se trouve dans les cent vingt tirages, puisqu'il est sorti au tirage du 25 juin 1824 ; alors je mets un o sur la colonne de la seconde sortie, pour indiquer qu'aucun numéro de ceux sur lesquels j'aurais pu faire des mises, n'a paru. Je continue, et je prends tous les numéros qui ne sont pas sortis dans les cent vingt derniers tirages, depuis le 25 août jusqu'au 5 janvier 1825 inclusivement, sur lesquels je feins des mises. Le tirage du 15 janvier amène le numéro 41, lequel ne se trouve pas dans les cent vingt tirages derniers de la seconde sortie, il est donc du nombre sur lequel j'avais feint des mises ; je le mets tel qu'il est sur la colonne de la seconde sortie, pour indiquer qu'il est sorti, ainsi de suite, en faisant attention de ne laisser jamais que cent vingt tirages, comme on le voit, et toujours les cent vingt tirages précédens et immédiats.

Le tirage du 25 janvier 1825 amène un numéro qui ne se trouve pas dans les cent vingt derniers tirages, toujours de la seconde sortie ; alors je le mets tel qu'il est : c'est le numéro 37.

Le tirage du 5 février amène aussi un numéro qui ne se trouve pas dans les cent vingt derniers tirages ; je le mets sur la colonne de la seconde sortie : c'est le numéro 26.

Le tirage du 15 février, toujours même année, amène le numéro 49, qui se trouve dans les cent vingt : étant sorti au tirage du 15 juin 1822, alors je mets o sur la seconde sortie, comme le montre la dernière colonne de 1825 du tableau qui se trouve au chapitre XVI.

Le tirage du 25 février amène le numéro 25, qui se trouve dans les cent vingt derniers tirages ; étant sorti le 5 avril 1821, je mets o.

Le tirage du 5 mars amène le numéro 32, qui se trouve de ceux qui ne sont pas sortis, je le mets sur la colonne.

Le tirage du 15 mars amène le numéro 47, qui se trouve dans les cent vingt derniers tirages ; étant sorti le 25 novembre 1821, je mets o.

Le tirage du 25 mars amène le numéro 65, qui se trouve dans les cent vingt derniers tirages ; étant sorti le 5 mars 1824, je mets o.

Le tirage du 5 avril amène le numéro 38, qui se trouve dans les cent vingt; étant sorti le 5 janvier 1824, je mets o.

Le tirage du 15 avril amène le numéro 57, qui se trouve dans les cent vingt ; étant sorti le 5 août 1823, je mets o.

Le tirage du 25 avril amène le numéro 65, qui se trouve dans les cent vingt; étant sorti le 25 mars 1825, je mets o.

Le tirage du 5 mai amène le numéro 57, qui se trouve dans les cent vingt; étant sorti le 15 avril 1825, je mets o.

Le tirage du 15 mai amène le numéro 35, qui se trouve dans les cent vingt derniers tirages, étant sorti le 25 septembre 1822.

Étant parvenu au septième tirage de retard, je continue, mais en mettant 1 fr. sur chaque numéro qui reste après les cent vingt; ils sont au nombre de vingt-trois, ce qui fait 23 fr. sur le huitième tirage en retard. Ce tirage amène le numéro 31, qui se trouve dans les cent vingt derniers tirages; étant sorti le 25 décembre 1824, je mets o, et je double la mise pour le tirage suivant, ce qui fait 46 fr. Le neuvième tirage en retard amène le numéro 52, qui se trouve dans les cent vingt; étant sorti le 25 février 1824, je mets o. Je double encore la mise, ce qui fait 96 fr., parce qu'il reste vingt-quatre numéros pour le dixième tirage qui amène le numéro 35, lequel se trouve dans les cent vingt derniers tirages; étant sorti le 15 mai 1825, je mets o. Je double encore la dernière mise, ce qui fait 192 fr. pour le onzième tirage de retard, qui amène, au 25 juin 1825, le numéro 82, lequel ne se trouve pas dans les cent vingt derniers tirages; par conséquent, il est un de ceux sur lesquels j'avais fait des mises, qui se trouvent être de 8 fr. sur chaque numéro. Comme l'extrait déterminé se paye 70 fois la valeur de la mise, cela fait 560 fr. que je gagne; mais comme j'avais mis

une

une fois 23 fr., plus 46 fr., plus 96 fr., plus 192 fr., il ne me reste qu'un bénéfice net de 203 fr. Je recommence à faire la même chose, et au septième tirage de retard, je commence mes mises en mettant 1 fr., pour unité de mise, sur chaque numéro.

Ce que je viens de dire pour la seconde sortie, est absolument la même chose pour la première, troisième, quatrième et cinquieme sortie. On peut jouer sur toutes les cinq à la fois, il ne faudra guère plus d'argent, car elles ne se rencontreront pas ensemble dans un grand retard, et les bénéfices seront plus multipliés.

La marche est la même pour les trois autres méthodes, excepté qu'on ne laisse que quatre-vingt-dix tirages dans la seconde, soixante dans la troisième, seize dans la quatrième. On peut aussi jouer sur les quatre méthodes ensemble, en doublant les fonds de réserve ; alors on jouera presqu'à tous les tirages.

On voit que je suis parti d'un principe qui n'est pas assujetti au temps, ni aux numéros, mais bien basé sur le vrai retard des numéros.

CHAPITRE XVI.

Bénéfice qu'on aurait fait pendant deux ans et dix mois, selon la première méthode.

On est convenu de jouer au huitième tirage en retard, et selon les règles établies dans le tableau servant de régulateur, chapitre XVII, en jouant sur les cinq sorties à la fois.

Année 1824.

Première sortie, au 5 décembre, on aurait gagné, net..............................	46fr.
Seconde sortie, au 15 septembre........	46
Seconde sortie, au 25 décembre.........	112
Troisième sortie, on n'aurait pas joué, à cause du trop petit retard................	0
Quatrième sortie, au 15 mai............	112
Quatrième sortie, au 15 octobre........	46
Cinquième sortie.......................	0
Outre les mises, gain net.........	362 fr.

Année 1825.

Première sortie, le retard n'étant pas assez grand pour jouer.........................	0fr.
Seconde sortie, au 25 juin, gain net, outre la mise..................................	200
Seconde sortie, au 25 octobre...........	46
Troisième sortie, au 5 août.............	68
Quatrième sortie, au 15 janvier.........	68
Quatrième sortie, au 15 juillet..........	112
Cinquième sortie, au 15 janvier.........	112
Cinquième sortie, au 15 avril...........	68
Cinquième sortie, au 5 juillet...........	46
Cinquième sortie, au 5 octobre.........	68
Total.................	788fr.

Année 1826.

Première sortie, rien....................	0 fr.
Seconde sortie, au 15 mars..............	200
Troisième sortie, au 5 février...........	46
Quatrième sortie, au 25 juin.............	728
Cinquième sortie, rien..................	0
Total....................	974 fr.

Depuis le premier tirage de 1824 jusqu'au dernier de 1826, en jouant, d'après cette méthode, sur les cinq sorties à la fois, on aurait fait un bénéfice net de 2,124 fr., tandis que la plus grande des mises n'aurait été que 1,512 fr., en y comprenant les pertes déjà faites; ce qui donne, sur cette méthode seule, un gain annuel de plus de 60 pour 100.

On aurait pu commencer une mise pour le 5 mars 1827, sur la première sortie, et le tirage du 15 mars aurait donné un gain de 68 fr., déduction faite de la mise, qui aurait été de 72 fr.

Colonne des cent vingt. — 1824.

5 janvier.	0	38	0	36	0
15 janvier.	0	22	0	0	0
25 janvier.	0	0	0	0	0
5 février.	0	52	62	24	0
15 février.	0	53	0	0	0
25 février.	0	0	1	0	0
5 mars.	36	0	15	0	43
15 mars.	0	0	43	0	0
25 mars.	0	0	40	0	0
5 avril.	0	0	0	0	0
15 avril.	42	0	0	0	0
25 avril.	0	87	41	0	0
5 mai.	0	24	0	0	62
15 mai.	0	20	0	3	0
25 mai.	72	0	0	0	22
5 juin.	0	69	0	72	0
15 juin.	0	0	0	0	0
25 juin.	0	4	0	0	82
5 juillet.	30	0	63	81	0
15 juillet.	64	0	38	60	0
25 juillet.	73	0	0	90	0
5 août.	0	0	0	0	48
15 août.	59	0	67	0	0
25 août.	0	0	0	0	20
5 septembre.	0	0	0	0	47
15 septembre.	0	56	0	0	30
25 septembre.	0	0	0	0	89
5 octobre.	0	0	0	0	0
15 octobre.	0	0	14	12	0

1825. — *Jouez sur le huitième en retard.*

5 janvier.	61	0	0	0	71
15 janvier.	0	41	0	20	87
25 janvier.	0	37	0	73	0
5 février.	0	26	46	0	0
15 février.	0	0	0	0	0
25 février.	0	0	51	63	0
5 mars.	63	32	0	88	0
15 mars.	0	0	0	0	0
25 mars.	43	0	0	0	0
5 avril.	0	0	61	58	0
15 avril.	0	0	0	0	52
25 avril.	0	0	18	0	0
5 mai.	0	0	20	0	0
15 mai.	75	0	0	0	0
25 mai.	0	0	0	0	0
5 juin.	0	0	0	0	0
15 juin.	0	0	0	0	0
25 juin.	28	82	0	0	0
5 juillet.	66	0	0	0	53
15 juillet.	0	0	0	48	0
25 juillet.	79	0	0	66	0
5 août.	0	85	7	0	0
15 août.	0	0	0	35	0
25 août.	0	0	59	0	0
5 septembre.	39	0	0	0	0
15 septembre.	12	0	0	5	0
25 septembre.	0	0	0	0	0
5 octobre.	0	0	0	0	35
15 octobre.	0	0	82	37	0

25 octobre.	0	0	0	0	0
5 novembre.	58	0	0	0	0
15 novembre.	0	0	0	0	0
25 novembre.	0	0	0	0	0
5 décembre.	0	0	0	0	0
15 décembre.	0	0	0	0	0
25 décembre.	80	31	0	0	0

Liste des tirages. — 1826.

5 janvier.	3	56	65	16	79
15 janvier.	31	65	25	85	6
25 janvier.	13	88	26	16	62
5 février.	52	46	77	87	82
15 février.	1	34	48	8	75
25 février.	71	38	44	6	14
5 mars.	45	9	76	48	88
15 mars.	87	39	16	58	54
25 mars.	65	39	22	31	82
5 avril.	13	50	63	18	85
15 avril.	31	71	26	12	42
25 avril.	5	88	68	47	18
5 mai.	81	37	73	34	83
15 mai.	12	80	39	16	34
25 mai.	61	55	82	77	29
5 juin.	61	31	7	36	82
15 juin.	71	22	17	45	8
25 juin.	87	44	59	62	56
5 juillet.	77	31	34	86	13
15 juillet.	85	56	25	53	49
25 juillet.	29	64	75	61	90

25 octobre.	27	8	39	0	0
5 novembre.	80	0	89	32	0
15 novembre.	21	0	72	0	0
25 novembre.	0	19	0	0	0
5 décembre.	0	0	0	0	63
15 décembre.	81	0	0	0	0
25 décembre.	0	0	0	0	0

Colonne des cent vingt. — 1826.

Jouez sur le huitième en retard.

5 janvier.	3	0	0	16	79
15 janvier.	0	0	0	0	0
25 janvier.	13	0	0	0	8
5 février.	52	0	77	88	0
15 février.	1	0	48	1	0
25 février.	71	0	0	0	0
5 mars.	0	0	0	0	0
15 mars.	0	39	16	0	54
25 mars.	0	0	0	0	0
5 avril.	0	50	0	0	0
15 avril.	0	71	0	0	0
25 avril.	5	0	0	0	0
5 mai.	0	0	73	0	83
15 mai.	0	0	0	0	34
25 mai.	0	55	0	0	29
5 juin.	0	0	0	0	0
15 juin.	0	0	17	0	8
25 juin.	0	0	0	62	0
5 juillet.	77	0	0	86	0
15 juillet.	0	0	0	0	49
25 juillet.	0	64	75	61	0

5 août.	75	14	55	2	72
15 août.	36	66	88	42	49
25 août.	7	55	56	14	38
5 septembre.	57	46	30	50	28
15 septembre.	22	88	14	27	32
25 septembre.	19	51	28	68	41
5 octobre.	10	68	7	53	62
15 octobre.	44	51	26	75	5
25 octobre.	56	36	84	33	11
5 novembre.	34	59	11	10	71
15 novembre.	52	36	82	16	62
25 novembre.	78	8	86	12	55
5 décembre.	90	50	40	11	58
15 décembre.	43	55	26	6	3
25 décembre.	63	54	90	36	42

Liste des tirages. — 1827.

5 janvier.	66	81	19	39	26
15 janvier.	41	53	28	12	57
25 janvier.	52	88	29	62	14
5 février.	83	82	42	17	41
15 février.	76	75	63	22	21
25 février.	58	13	55	7	2
5 mars.	52	18	7	24	79

5 août.	0	14	0	0	0
15 août.	0	0	0	42	0
25 août.	7	0	0	0	38
5 septembre.	57	0	30	50	0
15 septembre.	0	0	0	27	0
25 septembre.	0	51	28	68	41
5 octobre.	0	68	0	0	0
15 octobre.	0	0	0	75	0
25 octobre.	56	36	84	0	0
5 novembre.	0	59	0	10	0
15 novembre.	0	0	0	0	0
25 novembre.	0	0	86	0	0
5 décembre.	0	0	0	11	58
15 décembre.	53	0	0	0	0
25 décembre.	0	54	0	0	0

Colonne des cent vingt. — 1827.

Jouez sur le huitième en retard.

5 janvier.	0	0	19	39	0
15 janvier.	0	0	0	0	0
25 janvier.	0	0	0	0	0
5 février.	0	0	42	0	0
15 février.	0	75	0	0	21
25 février.	0	0	0	0	2
5 mars.	0	18	0	0	0

Tableau servant de régulateur pour le jeu des vingt-quatre numéros, après un retard de cent vingt tirages.

Ce tableau représente les mises et les gains qu'on aurait faits à la loterie, en jouant sur les vingt-quatre numéros qui ne sont pas sortis de cent vingt tirages, et plus, sur extrait déterminé, n'importe à quelle sortie. On suppose que l'unité de mise est de 1 fr. sur chacun des vingt-quatre numéros; on mettra donc 24 fr. sur la première, seconde, troisième, quatrième ou cinquième sortie; si un des vingt-quatre numéros sort au premier tirage sur lequel on a mis, et dans la même sortie, on gagnera 46 fr.; s'il ne sort pas, il faut doubler les 24 fr., et mettre 48 fr., c'est-à-dire, 2 francs par numéro; si un des numéros sort, alors on gagnera 68 fr., parce que la mise étant de 48 fr., et ayant déjà perdu 24 fr., puisqu'aucun des numéros n'est sorti, la mise est de 72 fr., et le gain de 140 fr. Car, comme nous l'avons dit plus haut, l'extrait déterminé se paye 70 fois la valeur de la mise. Or, de 140 ôtez 72, reste 68, gain net, et ainsi de suite. Si un des numéros sort au tirage suivant, on gagne 46 fr.; s'il sort au second, on gagnera 68 fr.; s'il sort au troisième, on gagnera 112 fr.; s'il sort au quatrième tirage, on gagnera 200 fr., et toujours dans la progression qu'indique le tableau ci-après.

Retard.	Mises sur chaque numéro.	Mises sur les 24 numéros.	Mises en y comprenant les pertes déjà faites.	Gain brut.	Gain net.
1	1	24	24	70	46
2	2	48	72	140	68
3	4	96	168	280	112
4	8	192	360	560	200
5	16	384	744	1,120	376
6	32	768	1,512	2,240	728
7	64	1,536	3,048	4,480	1,432
8	128	3,072	6,120	8,960	2,840
9	256	6,144	12,264	17,920	5,656
10	512	12,288	24,552	35,840	11,280
11	1,024	24,576	49,128	71,680	22,552
12	2,048	49,152	98,280	143,360	45,080
13	4,096	98,304	196,584	287,726	91,136

CHAPITRE XVII.

Seconde méthode.

Elle consiste à suivre la même marche que dans la première méthode, avec cette différence, qu'au lieu de laisser cent vingt tirages, on n'en laisse que quatre-vingt-dix, et on prend tous les numéros qui ne sont pas sortis pendant ces quatre-vingt-dix tirages précédens, sur une seule sortie, pour jouer toujours par extrait déterminé. On peut jouer sur les cinq sorties à la fois, mais bien entendu qu'on laissera les quatre-vingt-dix tirages de la sortie sur laquelle on jouera. Ainsi, si l'on joue sur la première sortie, on prendra tous les numéros qui ne sont pas sortis de quatre-vingt-dix tirages sur cette première sortie; si c'est sur la seconde, on agira de même, etc.

Il reste ordinairement trente numéros qui ne sont pas sortis de quatre-vingt-dix tirages, sur lesquels on fait les mises, et on commence les jeux sur le cinquième de retard.

En supposant l'unité de mise de 1 fr. sur chaque numéro, elle sera de 30 fr. pour les trente numéros; si quelqu'un des trente sort, on aura un bénéfice de 40 fr.; s'il n'en sort aucun, il faut doubler la mise. Alors, si quelqu'un des trente paraît, le bénéfice sera de 50 fr., ainsi de suite, selon le tableau régulateur, à la fin de ce chapitre.

Si le retard des trente numéros restans, passait sa limite, qui est de douze tirages, il faudrait se conduire, comme si quelqu'un des numéros était sorti, et recommencer l'unité de mise.

Bénéfices qu'on aurait faits en jouant selon cette méthode pendant trois ans.

1824.

Première sortie au 5 mars, gain brut, 280 fr.

Gain net.................................. 70 fr.

Idem au 15 octobre........................ 50

Seconde sortie au 15 avril................. 50

Idem au 15 septembre. 70

Idem au 25 décembre...................... 350

Troisième sortie au 25 décembre......... 40

Quatrième sortie au 5 octobre.......... 70

Idem au 25 décembre. 50

Cinquième sortie au 5 mai............. 50

Idem au 5 décembre...................... 70

Total pour l'année 1824......... 870 fr.

La plus grande mise, en y comprenant les avances déjà faites, n'aurait été que de 2,100 fr.

1825.

Première sortie au 5 mars............... 50 fr.

Idem au 15 mai........................... 40

Seconde sortie au 15 mai.... 50

Idem au 25 octobre...................... 70

Troisième sortie au 5 août............. 190

Idem au 15 octobre....................... 40

Quatrième sortie au 15 juillet........... 50

Cinquième sortie au 5 avril............ 110

Idem au 5 octobre........................ 50

Idem au 5 décembre...................... 50

Total pour l'année 1825 (outre les avances faites), bénéfices....... 700 fr.

1826.

Première sortie au 5 juillet.............	70 fr.
Seconde sortie au 5 mars..............	350
Idem au 25 juillet.....................	50
Troisième sortie au 5 mai.............	40
Quatrième sortie au 5 avril............	40
Idem au 25 juin........................	110
Cinquième sortie au 5 mars............	70
Idem au 5 mai..........................	40
Total................	770 fr.
Au 25 décembre sur la seconde sortie.....	40

Ainsi, pendant les trois ans qu'on aurait joué selon cette méthode, on n'aurait eu au jeu, dans la plus grande mise, en y comprenant les avances faites, que 2,100 fr., et on aurait gagné cette même mise, plus un bénéfice de 2,340 fr.

Le tirage du 5 février aurait donné un gain, sur la première sortie, de...............	40 fr.
Le tirage du 15 février aurait donné un gain net, sur la cinquième sortie du 15 février...	50
Le tirage du 1er mai aurait donné gain net, sur la troisième sortie.................	40
Sur la quatrième sortie, tirage du 1er mai.	40

Colonne des quatre-vingt-dix. — 1824.

5 janvier.	0	38	0	36	0
15 janvier.	0	22	13	0	0
25 janvier.	0	0	0	0	51
5 février.	0	52	62	24	78
15 février.	0	53	0	0	0

Jouez sur le cinquième en retard. — 1825.

5 janvier.	61	0	0	0	71
15 janvier.	0	41	0	20	87
25 janvier.	0	37	0	73	0
5 février.	0	26	46	0	0
15 février.	0	89	0	0	0

25 février.	0	0	1	0	0
5 mars.	36	0	15	22	43
15 mars.	0	0	43	0	0
25 mars.	0	0	40	25	0
5 avril.	0	0	26	0	0
15 avril.	42	34	0	0	0
25 avril.	0	87	4	185	0
5 mai.	0	24	0	0	62
15 mai.	0	20	0	3	0
25 mai.	72	0	87	0	22
5 juin.	0	69	36	72	0
15 juin.	0	0	0	0	0
25 juin.	0	4	0	0	82
5 juillet.	30	0	63	81	0
15 juillet.	64	0	38	60	0
25 juillet.	73	0	0	90	0
5 août.	0	0	0	0	48
15 août.	59	0	67	0	72
25 août.	0	0	0	0	20
5 septembre.	0	0	0	0	47
15 septembre.	0	56	44	0	30
25 septembre.	0	0	0	0	89
5 octobre.	0	0	0	69	0
15 octobre.	26	0	14	12	0
25 octobre.	0	0	0	34	0
5 novembre.	58	0	25	0	0
15 novembre.	0	0	0	0	0
25 novembre.	0	0	0	0	0
5 décembre.	0	0	0	0	56
15 décembre.	0	0	0	0	0
25 décembre.	0	80	31	74	0

25 février.	0	0	51	63	0
5 mars.	63	32	21	88	0
15 mars.	0	47	0	0	0
25 mars.	43	0	54	0	0
5 avril.	0	0	61	58	57
15 avril.	0	0	29	0	52
25 avril.	0	0	18	0	0
5 mai.	0	0	20	0	0
15 mai.	75	35	0	19	0
25 mai.	45	0	0	0	65
5 juin.	0	0	0	0	0
15 juin.	0	0	0	0	0
25 juin.	28	82	0	0	0
5 juillet.	66	0	0	0	53
15 juillet.	0	0	0	48	0
25 juillet.	79	84	0	66	0
5 août.	51	85	7	0	6
15 août.	87	66	0	35	0
25 août.	0	0	59	15	0
5 septembre.	39	0	0	0	0
15 septembre.	12	0	0	5	0
25 septembre.	34	0	0	0	0
5 octobre.	0	0	0	47	35
15 octobre.	0	0	82	37	0
25 octobre.	27	8	39	0	0
5 novembre.	80	0	89	32	0
15 novembre.	21	0	72	0	0
25 novembre.	88	19	55	0	0
5 décembre.	17	0	8	14	63
15 décembre.	81	0	0	21	0
25 décembre.	40	0	0	0	0

Liste des tirages. — 1826.

5 janvier.	3	56	65	16	79
15 janvier.	31	65	25	85	6
25 janvier.	13	88	26	16	62
5 février.	52	46	77	87	82
15 février.	1	34	48	8	75
25 février.	71	38	44	6	14
5 mars.	45	9	76	48	88
15 mars.	87	39	16	58	54
25 mars.	65	39	22	31	82
5 avril.	13	50	63	18	85
15 avril.	31	71	26	12	42
25 avril.	5	88	68	47	18
5 mai.	81	37	73	34	83
15 mai.	12	80	39	16	34
25 mai.	61	55	82	77	29
5 juin.	61	31	7	36	82
15 juin.	71	22	17	45	8
25 juin.	87	44	59	62	56
5 juillet.	77	31	34	86	13
15 juillet.	85	56	25	53	49
25 juillet.	29	64	75	61	90
5 août.	75	14	55	2	72
15 août.	36	66	88	42	49
25 août.	7	55	56	14	38
5 septembre.	57	46	30	50	28
15 septembre.	22	88	14	27	32
25 septembre.	19	51	28	68	41
5 octobre.	10	68	7	53	62
15 octobre.	44	51	26	75	5

1826. — *Jouez sur le cinquième en retard.*

5 janvier.	3	0	65	16	79
15 janvier.	0	0	0	0	0
25 janvier.	13	0	0	0	0
5 février.	52	0	77	87	0
15 février.	1	0	48	8	0
25 février.	71	0	0	0	0
5 mars.	0	9	0	0	0
15 mars.	0	39	16	0	54
25 mars.	65	0	0	0	0
5 avril.	0	50	0	18	0
15 avril.	0	71	0	0	0
25 avril.	5	0	0	0	0
5 mai.	0	0	73	0	83
15 mai.	0	0	0	0	34
25 mai.	0	55	0	0	29
5 juin.	0	0	0	0	0
15 juin.	0	0	17	0	8
25 juin.	0	0	0	62	0
5 juillet.	77	0	0	86	0
15 juillet.	85	0	0	0	49
25 juillet.	0	64	75	61	0
5 août.	0	14	0	2	0
15 août.	0	0	0	42	0
25 août.	7	0	56	0	38
5 septembre.	57	0	30	50	28
15 septembre.	0	0	0	27	0
25 septembre.	0	51	28	68	41
5 octobre.	0	68	0	0	0
15 octobre.	0	0	0	75	0

25 octobre.	56	36	84	33	11
5 novembre.	34	59	11	10	71
15 novembre.	52	36	82	16	62
25 novembre.	78	8	86	12	55
5 décembre.	90	50	40	11	58
15 décembre.	53	55	26	6	3
25 décembre.	63	54	90	36	42

Liste des tirages. — 1827.

5 janvier.	66	81	19	39	26
15 janvier.	41	53	28	12	57
25 janvier.	52	88	29	62	14
5 février.	83	82	42	17	41
15 février.	76	75	63	22	21
25 février.	58	13	55	7	2
5 mars.	52	18	7	24	79
15 mars.	49	83	24	25	85
25 mars.	4	17	10	9	46
5 avril.	24	6	65	47	5
15 avril.	14	66	90	69	33
25 avril.	24	47	80	61	15
5 mai.	20	83	64	85	89
15 mai.	33	2	21	16	84
25 mai.	14	26	37	88	27

25 octobre.	56	36	84	0	0
5 novembre.	0	59	0	10	0
15 novembre.	0	0	0	0	0
25 novembre.	0	0	86	0	0
5 décembre.	90	0	0	11	58
15 décembre.	53	0	0	0	3
25 décembre.	0	54	0	0	0

Colonne des quatre-vingt-dix.

Jouez sur le cinquième de retard.

5 janvier.	0	0	19	39	0
15 janvier.	0	53	0	0	0
25 janvier.	0	0	0	0	0
5 février.	83	0	42	17	0
15 février.	76	75	0	22	21
25 février.	0	0	0	0	2
5 mars.	0	18	0	24	0
15 mars.	49	0	24	25	0
25 mars.	4	0	0	0	46
5 avril.	0	6	0	0	0
15 avril.	0	0	0	0	33
25 avril.	0	0	0	0	15
5 mai.	20	83	64	85	0
15 mai.	0	2	0	0	84
25 mai.	0	26	37	0	27

Tableau servant de régulateur pour le jeu des 30 numéros après un retard de 90 tirages, pour la 2e méthode.

Ce tableau représente les mises et les gains qu'on aurait faits à la loterie, en jouant sur les trente numéros qui ne sont pas sortis pendant les quatre-vingt-dix tirages derniers, sur extrait déterminé, n'importe sur quelle sortie. On suppose toujours que l'unité de mise est de 1 fr.; on mettra sur chaque numéro 1 fr., par conséquent 30 fr. S'il sort, on gagne au tirage suivant 40 fr.; s'il ne sort pas, on double jusqu'à ce qu'il sorte, etc.; s'il sort au second tirage, on gagne 50 fr.; s'il sort au troisième, on gagnera 70 fr., etc., et toujours dans la progression du tableau.

Retard.	Mises sur chaque numéro.	Mises sur les 30 numéros.	Mises totales en y comprenant les pertes déjà faites.	Gain brut.	Gain net.
1	1	30	30	70	40
2	2	60	90	140	50
3	4	120	210	280	70
4	8	240	450	560	110
5	16	480	930	1,120	190
6	32	960	1,890	2,240	350
7	64	1,920	3,810	4,480	670
8	128	3,840	7,650	8,960	1,310
9	256	7,680	15,330	17,920	2,590
10	512	15,360	30,690	35,840	5,150
11	1,024	30,720	61,410	71,680	10,270

CHAPITRE XVIII.

Troisième méthode.

Dans cette manière de jouer, on doit suivre la même marche que celle qui est indiqnée aux chapitres XIV et XV, avec les modifications suivantes : au lieu de cent vingt tirages, on n'en laisse que soixante : les numéros restans, un tirage dans l'autre, sont au nombre de quarante-trois. Au lieu de doubler les mises, on les triple à tous les tirages dans lesquels aucnn des quarante-trois numéros ne paraît. Le retard de ces numéros ne passe guère huit tirages. S'ils passaient cette limite, ce qui n'arrivera pas une fois tous les quinze ans, il faudrait se conduire comme s'il en était réellement sorti un, et recommencer l'unité de mise.

En supposant l'unité de mise de 1 fr. pour chaque numéro, la mise sera de 43 fr. pour les quarante-trois numéros. Si un de ces numéros sort, le bénéfice sera, outre la mise, de 27 fr.; s'il n'en sort aucun, on triple; la mise alors est de 129 fr.; s'il en sort un, on gagne 38 fr., etc.; triplant toujours jusqu'à ce qu'un des quarante-trois sorte. Pour recouvrer les avances faites, pour plus de facilité, voyez le tableau servant de régulateur à cette seconde méthode, p. 80. On commence ses mises au quatrième tirage de retard.

Bénéfices qu'on aurait faits pendant trois ans, en jouant selon cette méthode.

1824.

Première sortie au 15 avril.	27 fr.
Idem au 5 juillet.	27
Idem au 15 octobre.	71
Seconde sortie au 15 avril.	38
Idem au 15 août.	38
Idem au 5 novembre.	38
Idem au 25 décembre.	27
Troisième sortie, ni perte ni gain.	0
Quatrième sortie au 25 septembre.	71
Idem au 5 décembre.	27
Cinquième sortie au 15 avril.	27
Idem au 25 novembre.	71
Total, outre les mises qu'on aurait retirées.	462 fr.

La plus forte mise, en y comprenant les pertes déjà faites, n'aurait été que de 559 fr.

1825.

Première sortie, rien.	0
Seconde sortie au 15 mai.	71 fr.
Idem au 15 octobre.	71
Troisième sortie au 5 juillet.	71
Idem au 15 octobre.	38
Quatrième sortie au 15 mai.	27
Cinquième sortie au 5 avril.	38
Idem au 25 mai.	27
A reporter.	343 fr.

Idem

Report....................	343 fr.
Idem au 5 octobre....................	71
Idem au 5 décembre..................	71
Total des gains, outre les mises qu'on aurait retirées........	485 fr.

Les mises, en y comprenant les pertes déjà faites, n'auraient été, comme celles de l'année précédente, que de 559 fr.

1826.

Première sortie au 5 juillet............	170 fr.
Seconde sortie au 25 janvier...........	71
Idem au 25 mai......................	27
Idem au 25 juillet	71
Idem au 25 septembre................	38
Troisième sortie au 15 juin...........	27
Quatrième sortie au 25 juin...........	467
Cinquième sortie au 15 février........	27
Idem au 25 avril....................	27
Idem au 25 août.....................	27
Cinquième sortie au 25 novembre.....	38
Seconde sortie au 25 décembre........	38
Total...................	1,028 fr.

Pendant ces trois ans, on aurait gagné 1,955 fr., et on n'aurait eu au jeu, dans la plus forte mise, avec les avances faites, que 5,203 fr., ce qui donne un bénéfice annuel de 12 pour 0/0.

Au 25 mai 1827, sur la quatrième sortie, on aurait fait un gain net de 71 fr.

Colonne des soixante. — 1824.

5 janvier.	8	38	0	36	0
15 janvier.	0	22	13	0	0
25 janvier.	18	81	3	0	51
5 février.	0	52	62	24	78
15 février.	0	53	0	0	7
25 février.	90	78	1	0	0
5 mars.	36	0	15	22	43
15 mars.	0	0	43	0	0
25 mars.	0	0	40	25	0
5 avril.	0	0	26	77	0
15 avril.	42	34	0	0	90
25 avril.	19	87	41	85	0
5 mai.	0	24	0	0	62
15 mai.	29	20	0	3	0
25 mai.	72	62	87	0	22
5 juin.	0	69	36	72	0
15 juin.	0	0	0	40	0
25 juin.	0	4	0	0	82
5 juillet.	30	0	63	81	0
15 juillet.	64	0	38	60	66
25 juillet.	73	0	0	90	26
5 août.	0	0	68	0	48
15 août.	59	7	67	0	72
25 août.	0	0	0	0	20
5 septembre.	0	0	0	0	47
15 septembre.	0	56	44	0	30
25 septembre.	0	0	0	33	89
5 octobre.	0	0	78	69	0
15 octobre.	26	0	14	12	0

1825. — *Jouez sur le quatrième en retard.*

5 janvier.	61	0	0	0	71
15 janvier.	0	41	58	20	87
25 janvier.	0	37	69	73	55
5 février.	10	26	46	52	0
15 février.	0	89	0	0	45
25 février.	0	0	51	63	0
5 mars.	63	32	21	88	0
15 mars.	0	47	0	0	0
25 mars.	43	0	54	0	0
5 avril.	0	0	61	58	87
15 avril.	0	0	29	0	52
25 avril.	33	0	18	0	0
5 mai.	0	0	20	0	0
15 mai.	75	35	0	19	0
25 mai.	45	31	0	64	65
5 juin.	74	0	0	0	42
15 juin.	0	0	0	0	0
25 juin.	28	82	0	9	0
5 juillet.	66	11	10	79	53
15 juillet.	0	44	0	48	5
25 juillet.	79	84	0	66	88
5 août.	51	85	7	0	6
15 août.	87	66	0	35	0
25 août.	31	0	59	15	0
5 septembre.	39	0	0	78	0
15 septembre.	12	0	0	5	0
25 septembre.	34	0	0	0	0
5 octobre.	0	0	0	47	35
15 octobre.	0	73	82	37	0

25 octobre.	0	0	0	34	0
5 novembre.	58	16	25	0	0
15 novembre.	38	74	53	0	0
25 novembre.	0	0	0	30	37
5 décembre.	14	0	0	45	56
15 décembre.	0	0	52	0	15
25 décembre.	0	80	31	74	0

Liste des tirages. — 1826.

5 janvier.	3	56	65	16	79
15 janvier.	31	65	25	85	6
25 janvier.	13	88	26	16	62
5 février.	52	46	77	87	82
15 février.	1	34	48	8	75
25 février.	71	38	44	6	14
5 mars.	45	9	76	48	88
15 mars.	87	39	16	58	54
25 mars.	65	39	22	31	82
5 avril.	13	50	63	18	85
15 avril.	31	71	26	12	42
25 avril.	5	88	68	47	18
5 mai.	81	37	73	34	83
15 mai.	12	80	39	16	34
25 mai.	61	55	82	77	29
5 juin.	61	31	7	36	82
15 juin.	71	22	17	45	8
25 juin.	87	44	59	62	56
5 juillet.	77	31	34	86	13
15 juillet.	85	56	25	53	49
25 juillet.	29	64	75	61	90
5 août.	75	14	55	2	72

25 octobre.	27	8	39	0	0
5 novembre.	80	0	89	32	0
15 novembre.	21	12	72	0	0
25 novembre.	88	19	55	0	0
5 décembre.	17	0	8	14	63
15 décembre.	81	0	0	21	23
25 décembre.	40	0	11	0	51

Colonne des soixante. — 1826.

5 janvier.	3	0	65	16	79
15 janvier.	0	0	0	85	0
25 janvier.	13	88	0	0	0
5 février.	52	46	77	87	0
15 février.	1	34	48	8	75
25 février.	71	0	0	6	0
5 mars.	0	9	76	0	0
15 mars.	0	39	16	0	54
25 mars.	65	0	0	31	0
5 axril.	0	50	63	18.	0
15 avril.	0	71	0	0	0
25 avril.	5	0	68	0	18
5 mai.	0	0	73	0	83
15 mai.	0	0	0	0	34
25 mai.	0	55	0	0	29
5 juin.	0	0	0	0	0
15 juin.	0	0	17	0	8
25 juin.	0	0	0	62	0
5 juillet.	77	0	34	86	0
15 juillet.	85	0	0	53	49
25 juillet.	29	64	75	61	0
5 août.	0	14	0	2	0

15 août.	36	66	88	42	49
25 août.	7	55	56	14	38
5 septembre.	57	46	30	50	28
15 septembre.	22	88	14	27	32
25 septembre.	19	51	28	68	41
5 octobre.	10	68	7	53	62
15 octobre.	44	51	26	75	5
25 octobre.	56	36	84	33	11
5 novembre.	34	59	11	10	71
15 novembre.	52	36	82	16	62
25 novembre.	78	8	86	12	53
5 décembre.	90	50	40	11	58
15 décembre.	53	55	26	6	3
25 décembre.	63	54	90	36	4

Liste des tirages. — 1827.

5 janvier.	66	81	19	39	26
15 janvier.	41	53	28	12	57
25 janvier.	52	88	29	62	14
5 février.	83	82	42	17	41
15 février.	76	75	63	22	21
25 février.	58	13	55	7	2
5 mars.	52	18	7	24	79
15 mars.	49	83	24	25	85
25 mars.	4	17	10	9	46
5 avril.	24	6	65	47	5
15 avril.	14	66	90	69	33
25 avril.	24	47	80	61	15
5 mai.	20	82	64	85	89
15 mai.	33	2	21	16	84
25 mai.	14	26	37	88	27

15 août.	0	0	88	42	0
25 août.	7	0	56	0	38
5 septembre.	57	0	30	50	28
15 septembre.	22	0	0	27	0
25 septembre.	19	51	28	68	41
5 octobre.	0	68	0	0	0
15 octobre.	44	0	0	75	0
25 octobre.	56	36	84	0	0
5 novembre.	0	59	0	10	0
15 novembre.	0	0	0	0	0
25 novembre.	78	0	86	0	55
5 décembre.	90	0	40	11	58
15 décembre.	53	0	0	0	3
25 décembre.	65	54	0	0	0

Colonne des soixante. — 1827.

Jouez sur le quatrième en retard.

5 janvier.	0	81	19	39	26
15 janvier.	41	53	0	0	57
25 janvier.	0	0	0	0	0
5 février.	83	0	42	17	0
15 février.	76	75	0	22	21
25 février.	58	0	0	7	2
5 mars.	0	8	0	24	0
15 mars.	49	83	24	25	0
25 mars.	4	17	10	9	46
5 avril.	24	6	0	0	0
15 avril.	14	0	0	0	33
25 avril.	0	47	80	0	15
5 mai.	20	82	64	0	89
15 mai.	33	2	21	0	84
25 mai.	0	26	37	88	27

Tableau servant de régulateur pour le jeu des 43 numéros, après un retard de 60 tirages, pour la 4e méthode.

Ce tableau représente les mises et les gains faits à la loterie, en jouant sur quarante-trois numéros restans, sans être sortis de soixante tirages, sur extrait déterminé, n'importe à quelle sortie. On suppose l'unité de mise de 1 fr.; on met donc 1 fr. sur chacun des quarante-trois numéros, sur la première, la seconde, la troisième, la quatrième ou cinquième sortie. Si un des quarante-trois numéros paraît dans la sortie désignée au tirage suivant, on gagnera 27 fr.; s'il ne sort pas, il faudra tripler à tous les tirages, jusqu'à ce qu'il sorte; et s'il sort au deuxième tirage, on gagnera 38 fr.; s'il sort au troisième, on gagnera 71 fr., et toujours dans la progession suivante.

Retard.	Mises sur chaque numéro.	Mises sur les 43 numéros.	Mises totales en y comprenant les pertes déjà faites.	Gain brut.	Gain net.
1	1	43	43	70	27
2	3	129	172	210	38
3	9	387	559	630	71
4	27	1,161	1,720	1,890	170
5	81	3,483	5,203	5,670	467
6	243	10,449	15,652	17,010	1,358
7	729	31,347	46,999	51,030	4,031
8	2,187	93,041	141,040	153,090	12,050

CHAPITRE XIX.

Quatrième et dernière méthode.

ELLE consiste à laisser seize tirages, dans les cinq sorties agglomérées, et à prendre tous les numéros qui ne sont pas sortis pendant les seize derniers tirages; c'est-à-dire, qu'on laisse alors quatre-vingts numéros, puisque 16 fois 5 font 80. Les numéros restans qui sont ordinairement au nombre de trente-quatre, se jouent par extrait déterminé, et sur toutes les sorties: le retard de ces numéros, outre les seize tirages agglomérés, ne passent guère au delà de dix tirages de retard. On peut donc jouer par martingale, en commençant les mises au cinquième tirage de retard, et doubler jusqu'à ce qu'il sorte un des trente-quatre numéros. S'il arrivait que le retard des trente-quatre numéros passât sa limite, il faudrait se conduire comme si un d'eux était réellement sorti, et recommencer à l'unité de mise.

Explication.

Je prends tous les numéros qui sont sortis dans les seize derniers tirages immédiats; je les retranche des quatre-vingt-dix dont se compose la loterie; je prends ceux qui restent, qui sont presque toujours, comme je l'ai dit, au nombre de trente-quatre, et je les joue sur extrait déterminé, n'importe sur quelle sortie; et à mesure qu'un tirage a lieu, je l'ajoute au tableau de la liste des tirages, et j'en retranche un, de manière qu'il ne reste jamais ni plus ni moins de seize tirages. Je joue sur le cinquième tirage de retard; s'il en sort un, je gagne 36 fr., et je recommence par l'unité de mise, c'est-à-dire, 1 fr. sur chaque numéro; s'il n'en sort aucun, je double la mise pour le tirage prochain, et ainsi de suite, selon le tableau régulateur, page 91.

Bénéfices qu'on aurait faits en jouant selon cette méthode pendant trois ans.

1824.

Première sortie au 25 février	36fr.
Idem au 5 novembre	36
Seconde sortie, rien	0
Troisième sortie, au 5 juillet	66
Idem au 15 octobre	38
Quatrième sortie au 15 avril	38
Idem au 25 juin	40
Cinquième sortie, rien	0
Total des gains nets, outre les avances faites	254fr.

Cependant la plus forte mise n'aurait été que de 1,054 fr.

1825.

Première sortie, rien	0fr.
Seconde sortie au 5 janvier	36
Idem au 5 mars	38
Idem au 15 mai	36
Idem au 25 octobre	36
Troisième sortie au 15 juin	36
Idem au 5 août	36
Idem au 5 novembre	42
A reporter	260fr.

Report..........	260 fr.
Quatrième sortie au 25 février..........	36
Idem au 15 mai....................	42
Cinquième sortie au 5 avril............	42
Idem au 5 juin....................	38
Idem au 5 novembre................	38
Total des gains nets.............	456 fr.

La plus forte mise, avec toutes les avances, aurait été de 340 fr.

1826.

Première sortie au 5 février...........	36 fr.
Idem au 25 avril......................	38
Idem au 5 septembre.................	108
Seconde sortie au 5 février............	38
Idem au 25 juillet.....................	38
Troisième sortie au 5 septembre........	36
Quatrième sortie au 15 mars............	108
Cinquième sortie au 15 février.........	38
Seconde sortie au 25 décembre.........	162
Total	602 fr.

Total des gains nets, pour l'année 1826, outre les les avances faites, 602 fr.

La plus forte mise, en y comprenant les avances, n'aurait été que de 4,318 fr., au 25 décembre 1826; cependant on aurait eu un bénéfice net de 1,314 fr., ce qui donne un bénéfice de 8 pour 100 par an.

Seconde sortie pour le tirage du 25 février 1827, gain net........................	36
Troisième sortie au 25 janvier...........	36
Cinquième sortie au 15 février..........	38

Colonne des seize. — 1824.

5 janvier.	8	38	0	36	18
15 janvier.	0	0	13	0	0
25 janvier.	0	81	0	41	51
5 février.	0	52	62	0	0
15 février.	0	0	0	17	0
25 février.	90	0	0	0	0
5 mars.	0	65	15	0	43
15 mars.	25	70	0	0	0
25 mars.	0	0	40	0	85
5 avril.	0	0	26	0	14
15 avril.	0	34	0	46	0
25 avril.	19	87	0	0	0
5 mai.	0	0	0	0	0
15 mai.	29	20	0	0	68
25 mai.	72	0	0	0	0
5 juin.	32	69	0	0	0
15 juin.	0	61	0	0	0
25 juin.	0	4	0	28	82
5 juillet.	30	49	63	0	0
15 juillet.	64	0	38	60	66
25 juillet.	73	0	88	0	0
5 août.	0	27	0	83	48
15 août.	59	7	67	89	0
25 août.	0	65	0	0	0
5 septembre.	0	0	0	80	47
15 septembre.	11	56	0	0	0
25 septembre.	0	5	0	33	0
5 octobre.	0	0	0	0	86
15 octobre.	0	0	14	0	43

Jouez au cinquième de retard. — 1825.

5 janvier.	61	4	0	1	71
15 janvier.	0	0	0	0	87
25 janvier.	0	0	0	0	55
5 février.	10	0	46	0	0
15 février.	54	0	19	0	0
25 février.	84	0	51	63	0
5 mars.	0	32	21	88	0
15 mars.	0	47	0	0	0
25 mars.	0	65	0	0	0
5 avril.	60	0	0	0	57
15 avril.	36	0	29	0	0
25 avril.	33	0	18	0	0
5 mai.	0	0	0	0	0
15 mai.	75	35	0	19	0
25 mai.	0	0	0	64	0
5 juin.	0	0	0	77	42
15 juin.	0	0	22	0	0
25 jnin.	28	82	0	0	0
5 juillet.	66	0	0	79	53
15 juillet.	0	44	0	48	5
25 juillet.	0	0	0	0	0
5 août.	0	85	7	72	6
15 août.	87	0	0	0	0
25 août.	0	0	59	15	90
5 septembre.	39	4	0	0	30
15 septembre.	12	0	0	0	0
25 septembre.	34	0	0	0	0
5 octobre.	36	0	0	47	0
15 octobre.	0	0	0	57	0

25 octobre.	o	o	o	o	o
5 novembre.	58	16	25	55	o
15 novembre.	70	o	o	o	37
25 novembre.	o	74	o	o	o
5 décembre.	o	o	o	45	o
15 décembre.	o	o	52	o	15
25 décembre.	23	o	31	o	85

Liste des tirages. — 1826.

5 janvier.	3	56	65	16	79
15 janvier.	31	65	25	85	6
25 janvier.	13	88	26	16	62
5 février.	52	46	77	87	82
15 février.	1	34	48	8	75
25 février.	71	38	44	6	14
5 mars.	45	9	76	48	88
15 mars.	87	39	16	58	54
25 mars.	65	39	22	31	82
5 avril.	13	50	63	18	85
15 avril.	31	71	26	12	42
25 avril.	5	88	68	47	18
5 mai.	81	37	73	34	83
15 mai.	12	80	39	16	34
25 mai.	61	55	82	77	29
5 juin.	61	31	7	36	82
15 juin.	71	22	17	45	8
25 juin.	87	44	59	62	56
5 juillet.	77	31	34	86	13
15 juillet.	85	56	25	53	49
25 juillet.	29	64	75	61	90

25 octobre.	27	8	0	0	0
5 novembre.	80	14	89	0	56
15 novembre.	21	0	0	45	0
25 novembre.	0	19	55	0	62
5 décembre.	17	65	0	14	63
15 décembre.	81	0	3	0	23
25 décembre.	40	0	11	0	0

Colonne des seize. — 1826.

Jouez sur le cinquième de retard.

5 janvier.	0	0	0	0	0
15 janvier.	0	0	25	0	0
25 janvier.	0	0	26	0	0
5 février.	0	46	77	0	0
15 février.	1	0	48	0	75
25 février.	71	38	44	0	0
5 mars.	0	0	76	0	0
15 mars.	0	0	0	58	54
25 mars.	0	0	22	0	0
5 avril.	0	50	0	18	0
15 avril.	0	0	0	0	42
25 avril.	5	0	68	47	0
5 mai.	0	0	73	0	83
15 mai.	0	80	0	0	0
25 mai.	61	55	0	0	29
5 juin.	0	0	7	36	0
15 juin.	0	0	17	0	0
25 juin.	0	0	59	0	56
5 juillet.	0	0	0	86	0
15 juillet.	0	0	25	55	49
25 juillet.	0	64	0	0	90

5 août.	75	14	55	2	72
15 août.	36	66	88	42	49
25 août.	7	55	56	14	38
5 septembre.	57	46	30	50	28
15 septembre.	22	88	14	27	32
25 septembre.	19	51	28	68	41
5 octobre.	10	68	7	53	62
15 octobre.	44	51	26	75	5
25 octobre.	56	36	84	33	11
5 novembre.	34	59	11	10	71
15 novembre.	52	36	82	16	62
25 novembre.	78	8	86	12	55
5 décembre.	90	50	40	11	58
15 décembre.	53	55	26	6	3
25 décembre.	63	54	90	36	42

Liste des tirages. — 1827.

5 janvier.	66	81	19	39	26
15 janvier.	41	53	28	12	57
25 janvier.	52	88	29	62	14
5 février.	83	82	42	17	41
15 février.	76	75	63	22	21
25 février.	58	13	55	7	2
5 mars.	52	18	7	24	79
15 mars.	49	83	24	25	85
25 mars.	4	17	10	9	46
5 avril.	24	6	65	47	5
15 avril.	14	66	90	69	33
25 avril.	24	47	80	61	15
5 mai.	20	83	64	85	89
15 mai.	33	2	21	16	84
25 mai.	14	26	37	88	27

5 août.	0	0	0	2	52
15 août.	0	66	0	0	0
25 août.	0	0	0	0	38
5 septembre.	57	46	30	0	28
15 septembre.	0	0	0	27	32
25 septembre.	19	0	0	0	41
5 octobre.	10	0	0	0	0
15 octobre.	0	0	26	0	5
25 octobre.	0	0	84	33	11
5 novembre.	0	0	0	0	0
15 novembre.	52	0	0	16	0
25 novembre.	78	0	0	12	0
5 décembre.	0	0	40	0	58
15 décembre.	0	0	0	65	3
25 décembre.	63	54	0	0	0

Colonne des seize. — 1827.

Jouez sur le cinquième de retard.

5 janvier.	0	81	0	39	0
15 janvier.	0	0	0	0	0
25 janvier.	0	0	29	0	0
5 février.	83	0	0	17	0
15 février.	76	0	0	0	21
25 février.	0	13	0	0	2
5 mars.	0	18	0	24	79
15 mars.	49	0	0	25	85
25 mars.	4	0	0	9	46
5 avril.	0	0	65	47	5
15 avril.	0	0	0	69	33
25 avril.	0	0	80	61	15
5 mai.	20	0	64	0	89
15 mai.	0	0	0	16	84
25 mai.	0	0	37	0	27

Tableau servant de régulateur pour le jeu des trente-quatre numéros. Retard de seize tirages dans les cinq sorties agglomérées.

Ce tableau représente les mises et les gains qu'on aurait faits à la loterie, en jouant sur les trente-quatre numéros qui ne sont pas sortis de seize tirages, en prenant les cinq sorties à la fois; c'est-à-dire, qu'on a pris tous les numéros qui n'étaient pas sortis sur les cinq séries : il en est resté, l'un dans l'autre tirage, trente-quatre; on joue ces trente-quatre numéros sur extrait déterminé, n'importe à quelle sortie ; on double jusqu'à ce qu'un de ces numéros sorte. Ainsi, l'unité de mise étant de 1 fr., on met 34 fr.; s'il en sort, on gagne, au premier tirage, 36 fr., parce que de 70 fr., valeur de l'extrait déterminé, ôtez 34, reste 36. S'il n'en sort aucun, alors on double; s'il en sort un au tirage suivant, on gagne 38 fr., parce que l'unité de mise étant doublée, produit, par la sortie d'un numéro, 140 fr.; mais comme la mise se trouve de 68 fr., et que déjà on a perdu 34 fr., le gain net ne se trouve réellement que de 38 fr.; ainsi de suite, et selon la progression du tableau ci-après.

Retard.	Mises sur chaque numéro.	Mises sur les 34 numéros.	Mises totales en y comprenant les pertes déjà faites.	Gain brut.	Gain net.
1	1	34	34	70	36
2	2	68	102	140	38
3	4	136	238	280	42
4	8	272	510	560	50
5	16	544	1,054	1,120	66
6	32	1,088	2,142	2,240	108
7	64	2,176	4,318	4,480	162
8	128	4,352	8,670	8,960	290
9	256	8,704	17,374	17,920	546
10	512	17,408	34,782	35,840	1,058

ROUE DE PARIS. — *Liste des tirages.* — 1823.

5 janvier.	55	30	77	50	8
15 janvier.	6	33	58	65	1
25 janvier.	74	68	52	41	37
5 février.	41	30	6	68	4
15 février.	11	3	53	17	86
25 février.	10	3	65	29	88
15 mars.	22	9	79	47	69
5 mars.	56	14	11	45	40
25 mars.	35	61	00	14	85
5 avril.	48	10	33	28	13
15 avril.	2	54	66	55	73
25 avril.	17	67	56	18	44

5 mai.	69	31	22	68	12
15 mai.	23	73	76	43	42
25 mai.	50	44	19	21	15
5 juin.	32	42	81	2	67
15 juin.	68	25	33	67	36
25 juin.	83	25	80	39	1
5 juillet.	65	27	2	26	18
15 juillet.	60	86	11	64	74
25 juillet.	85	25	32	54	28
5 août.	76	11	10	9	16
15 août.	54	65	34	83	23
25 août.	24	57	35	9	5
5 septembre.	4	2	47	80	14
15 septembre.	70	46	35	5	11
25 septembre.	25	12	4	28	68
5 octobre.	31	88	9	27	59
15 octobre.	84	10	22	79	3
25 octobre.	22	38	47	53	77
5 novembre.	78	5	6	7	64
15 novembre.	50	12	71	89	80
25 novembre.	86	42	88	31	61
5 décembre.	83	49	33	53	10
15 décembre.	83	60	71	78	32
25 décembre.	44	76	79	1	76

1824.

5 janvier.	8	38	76	36	18
15 janvier.	35	22	13	44	75
25 janvier.	18	81	3	41	51
5 février.	18	52	62	24	78
15 février.	2	53	33	17	7

25 février.	90	78	1	36	77
5 mars.	36	65	15	22	43
15 mars.	25	70	3	6	12
25 mars.	24	13	40	23	85
5 avril.	36	25	26	77	14
15 avril.	42	33	71	46	90
25 avril.	19	87	41	85	78
5 mai.	44	24	90	53	62
15 mai.	29	20	34	3	68
25 mai.	72	62	87	41	22
5 juin.	32	69	36	72	12
15 juin.	76	61	26	40	90
25 juin.	24	4	15	28	82
5 juillet.	30	49	63	81	69
15 juillet.	64	69	38	60	66
25 juillet.	73	76	88	90	26
5 août.	22	27	68	83	48
15 août.	59	7	67	89	72
25 août.	60	65	15	26	20
5 septembre.	41	20	15	80	47
15 septembre.	11	56	44	90	30
25 septembre.	69	5	3	33	89
5 octobre.	48	62	78	69	86
15 octobre.	26	5	14	12	48
25 octobre.	24	3	41	34	73
5 novembre.	58	16	25	33	14
15 novembre.	38	74	53	3	40
25 novembre.	70	22	26	30	37
5 décembre.	14	86	40	45	56
15 décembre.	38	81	52	7	13
25 décembre.	23	80	31	74	85

1825.

5 janvier.	61	4	25	1	71
15 janvier.	11	41	58	20	87
25 janvier.	78	37	69	73	55
5 février.	10	26	46	52	89
15 février.	54	89	9	7	45
25 février.	84	25	51	63	14
5 mars.	63	32	21	88	78
15 mars.	38	47	52	30	86
25 mars.	43	65	54	69	16
5 avril.	60	38	61	58	57
15 avril.	36	57	29	69	52
25 avril.	33	65	18	63	11
5 mai.	14	57	20	73	71
15 mai.	75	35	33	19	43
25 mai.	45	31	21	64	65
5 juin.	74	52	14	77	42
15 juin.	58	35	22	33	32
25 juin.	28	82	26	9	42
5 juillet.	66	11	10	79	53
15 juillet.	84	44	54	48	5
25 juillet.	79	84	78	66	88
5 août.	51	85	7	72	6
15 août.	87	66	9	35	52
25 août.	31	16	59	15	90
5 septembre.	39	4	18	78	30
15 septembre.	12	85	90	5	87
25 septembre.	34	5	29	69	90
5 octobre.	36	57	33	47	35
15 octobre.	64	73	82	37	30

25 octobre.	27	8	39	36	72
5 novembre.	80	13	89	32	56
15 novembre.	21	12	72	45	30
25 novembre.	88	19	55	90	62
5 décembre.	17	65	8	14	63
15 décembre.	81	52	3	21	23
25 décembre.	40	37	11	9	51

CHAPITRE XX.

Observation importante sur les quatre méthodes.

Si l'on suivait exactement les quatre méthodes que je viens de donner, on ferait nécessairement tomber ce jeu désastreux, en y faisant des bénéfices que l'administration ne pourrait plus payer. J'ai établi, comme comme on a dû le voir, mon principe sur le retard des numéros : les années 1824, 1825, 1826, ainsi que les dix-sept années précédentes, ont été prises sans choix ; les années suivantes auront des résultats aussi satisfaisans.

En jouant sur les quatre méthodes ensemble, on aurait eu, sur la première méthode, un bénéfice net de.. 2,124 fr.

Sur la seconde, un bénéfice de........ 2,340

Sur la troisième, un bénéfice de...... 1,955

Sur la quatrième, un bénéfice de...... 1,314

Total, dans trois ans, pour les quatre méthodes réunies.... 7,733 fr.

Cependant les plus fortes mises des quatre méthodes agglomorées, ne se seraient élevées qu'à la somme de 4,318 fr. environ : donc si tous les actionnaires avaient suivi ce mode de faire leurs mises, et que celles-ci se fussent élevées, comme de coutume, à la somme de 50,000,000 fr. par an, ils auraient gagné, outre la mise générale de 50,000,000 fr., un bénéfice de plus de 20,000,000 fr. : donc, si tous les actionnaires s'entendaient, au moyen de ces jeux, ils feraient supprimer la loterie.

Ce qui vient d'être dit sur la roue de Paris, est applicable aux roues de Lyon, Strasbourg, Bordeaux, Lille, Bruxelles, etc., etc., et généralement à toutes les loteries composées de quatre-vingt-dix numéros; il suffit de suivre la même marche.

Les actionnaires qui n'auraient point assez d'avance, et qui ne formeraient pas entre eux une somme de réserve assez forte pour jouer sur martingale, afin d'attendre la sortie de qnelques-uns des numéros, sur lesquels on ferait des mises, peuvent attendre un plus long retard que la limite que j'ai indiquée, pour commencer leurs jeux.

Alors ils auront, à la vérité, occasion de jouer moins souvent, mais aussi il leur faudra moins d'argent, et néanmoins ils seront plus sûrs de gagner, parce que plus ils attendront de retard, et plus aussi il sera probable que les numéros sortiront, par la raison que nous avons donnée plus haut.

On doit donc ou cesser de jouer à la loterie, ou suivre les méthodes indiquées dans cette brochure; mais si les actionnaires suivent toujours leur même routine, ils continueront de se ruiner.

FIN.

TABLE
DES MATIÈRES.

FIN DE LA TABLE.

		livres de viande, à la livre. *idem* de pain, à *idem*. légumes pour la soupe.	
		livres de viande, à la livre. *idem* de pain, à *idem*. légumes pour la soupe.	
	Dépenses diverses.	Salaire du frater, à raison de 20 c. par 30 jours de présence. . Dépense pour le blanchissage. . . . . Blanchissage et entretien du grand équipement.	
Total.		Total des Dépenses.	

Cetifié par le Chef d'ordinaire, les dépenses montant à la somme de

www.ingramcontent.com/pod-product-compliance
Ingram Content Group UK Ltd.
Pitfield, Milton Keynes, MK11 3LW, UK
UKHW020331180726
13839UKWH00002B/661

9 782329 604350